汪耀华 | 编著

上海书店

翻检出来的一些往事

上海三联书店

序

彭卫国

1954 年 9 月，国家对私营的古旧书店（摊）进行社会主义改造，成立了上海图书发行公司。1956 年上海古籍书店、上海旧书店相继开张，成为公司的主要业务部门。1967年改称上海书店，1985 年改名为上海图书公司。上海图书发行公司即上海图书公司的前身。从那时算起，公司走过七十年的风雨旅途，从一个单纯经营古旧书刊的专业书店，发展为一个综合性的文化企业，走过了不平凡的发展道路，留下了许多故事。

公司成立以后，即着手对私营古旧书店的业务进行整合，同时清理不适宜销售的反动、黄色、封建迷信等类图书。1956 年，上海图书发行业被批准全行业公私合营，5月 20 日设立了上海古籍书店，10 月 7 日上海旧书店开门营业。上海古籍书店侧重于线装古籍、碑帖等的收购和销售；上海旧书店侧重于旧平装和一般旧书的收购和销售。随着事业的发展，先后在淮海路、南京西路、四川北路等地设立了旧书店，基本形成了遍布全市的旧书经营网点。

古旧书的经营与一般图书经营的最大不同，就是没有固定的货源。古旧书刊散藏于民间，要形成货源，只能依靠收购。七十年来，公司的收购人员踏破铁鞋、不辞艰辛，访书于民间，求购于藏家。"文化大革命"期间，还顶着政治压力，孜孜以求。据不完全统计，从1956年到1965年的10年间，共收集到宋、元、明善本古籍等古旧书刊5000余种，珍贵的革命书刊近万册。1966年至1976年的10年间，抢救、收购古书10万册，旧书刊100万册，珍贵古籍60多种。其中《明成化说唱词》、宋刻残本《咸淳临安志》均具极高的文献价值和文物价值。1976年以来，收购的古旧书刊不下百余万件，其中五代时期的《文殊菩萨像》、唐人写经《卜筮书》、宋《监本纂图重言重意互注礼记》等属海内孤本。几代人的不懈努力，聚沙成塔，集腋成裘，建立了企业赖以发展的"黄金书库"。

古旧书刊的读者主要是专家、学者以及高等院校、科研单位的师生和研究人员。根据这一特点，公司提出了"为读者找书，为书找读者"的服务宗旨，不仅为各级图书馆、博物馆充实了馆藏，而且为高等院校、研究机构、文化团体、专家学者提供了大量文献资料，许多专家学者都是公司忠实的读者。

改革开放后，古旧书业既迎来机遇又面临挑战。机遇是：文化事业的蓬勃发展给出版事业发展提供了空间和舞台；挑战是：随着经济的发展、城市基本建设的推进，旧书经营网点或拆或迁，急剧萎缩。几年里，四川北路、南京西路等主要门市被动迁，旧书经营网络不复存在。在困难面前，公司始终以振兴上海古旧书业为己任，不怨天不尤人，励精图治。1993年，公司将古籍书店文物部分离，成立了上海博古斋，重点经营线装古籍、碑帖、印章、字画等高端产品。1997年，公司投资上海国际商品拍卖有限公司，并受其委托从事古籍善本和中国古代字画的征集拍卖业务。博古斋专门设立征集部后又将征集部裂变为古籍善本征集部和字画征集部。业务范围从古籍善本、中国字画拓展到连环画、瓷玉器古玩杂件。征集工作从主要依托公司"大库"逐步走向主要依托社会征集。从2003年开始，社会征集品的拍卖成交件数和金额都已接近或超过总量的50%。

普通古旧书的经营也迎难而上。2000年，公司控股的新文化服务社从长乐路搬迁到瑞金二路。公司腾出300平方米的场地作为新文化服务社的总部，并于2001年、2002年相继设立了旧书精品室、九华堂书斋和淘友俱乐部。为了适应市场经济的发展和旧书业自身的发展规律，公司提出了旧书店"国有民营"的口号并付诸实践。国有民营，就是将一些小的旧书网点让职工或者专业人士承包经营，公司所属上海旧书店行使管理职能。几年的实践，不仅原有网点得到巩固，而且开设了多个实体网点和网上店铺，经济效益也有了相当提升。

为了交流心得，探讨业务，1959 年，公司创办了《业务通讯》，1960 年起改为《古旧书讯》。后来几经周折时复时停，2003 年以《博古》代替《古旧书讯》重新出版。从《古旧书讯》到《书窗》（1997 年）再到《博古》，公司对古旧书业的理论探讨倾注了大量的热情与心血，2003 年，配合福州路文化街书市，举办了"世界级城市与古旧书业"高级论坛。2004 年 6 月，上海旧书店回到福州路 401 号，一个 300 平方米的旧书店，以其丰富的品种和新颖的经营方式，体现上海古旧书业的复兴。

公司以古旧书业务为基础，不断拓展业务新领域，先后开出了艺术书坊、上海博古斋、艺苑真赏社、九华堂等品牌书店，在专业书店领域继续探索。同时，在影印出版的基础上成立了上海书店出版社；适应古旧书交易新形势，成立了上海博古斋拍卖有限公司；为加强与香港的合作交流，成立了上海香港三联书店有限公司……上海书店（上海图书公司）的历史是一部坚守专业的历史，是一部守正创新的历史，是一部一代又一代上海书店人辛勤耕耘的历史。

汪耀华先生是一名书店人，更是著名的出版史家。他几十年如一日，辛勤耕耘在出版史研究领域，用力甚勤，著述宏富。《上海书店，翻检出来的一些往事》是他爬梳资料的成果，更是上海书店店史的宝贵史料，是书店人奋斗的剪影。雪泥鸿爪，吉光片羽，弥足珍贵。

是为序。

2023 年 9 月

目 录

1977 年·革新时期

1956 年
至
1960 年

创业时期

1956 年至 1960 年，古籍书店、上海旧书店在福州路扎根

◆ 汪耀华

1956 年 5 月 20 日，上海图书发行公司在新华书店上海分店古籍门市部（1954 年 4 月 20 日在福州路 519 号开业）的基础上，移地福州路 424 号，设立古籍书店。同年 10 月 7 日，在福州路 401 号设立上海旧书店。同时，将私营的图书发行业务全部移交新华书店上海发行所，专业经营旧书的发行和合作书亭的管理工作。

为了扩大旧书经营，上海旧书店 1957 年 6 月 8 日在四川北路 1269 号开设四川北路门市部；1958 年 4 月 1 日在南京西路 781 号开设南京西路门市部；1958 年 4 月 20 日在淮海中路 500 号开设淮海中路门市部；1958 年 5 月 7 日在福州路 380 号开设外文旧书门市部。

1956 年开业的古籍书店，后来为了便于省际交流、定位，也被称作上海古籍书店。对于读者或者业者而言，上海传统的国有书店中，有着五十多家网点的新华书店，虽然近年的门店也开始更名，以地域或年份为店名，如江南

书局、1925 书局等；开业已愈 70 载的外文书店，虽然加冠了上海外文图书公司，但外文书店依旧全年无休地（疫情期间暂停营业除外）在福州路运营着。除此，唯有古籍书店仍旧在福州路上照常营业着。虽然门面从朝南搬到了朝北，虽然也绘出了多张改装图纸，也因为疫情而不断延迟开工重装……

古籍书店从开业到现在，始终只是一个企业的下属门店，也被称作某中心、某空间等等。这个企业又何称呼？现在的名称是上海图书有限公司，上级是世纪出版集团。那是 1999 年的事情，从此未变。那么，上海图书发行公司（简称"上图公司"）从成立到 1999 年期间，被改名、换领导的经历又是如何的呢？

1949 年 5 月 27 日上海解放，华东新华书店等 6 月 5 日在正中书局、中国文化服务社原址开设了第一、第二两个临时门市部，7 月 21 日成立由华东新华书店主导的上海联合出版社从事课本的出版、发行工作。

同时，通过建立人民书报供应社，组织同业代销，放宽银行贷款要求，协助配给纸张等稳定市场、稳定业主、促进销售的方法，逐步建立以国营新华书店为基础的图书销售格局。1950 年 1 月，政府主导，由三民图书公司等 8 家私营单位组成上海儿童读物出版业联合书店（简称"童联"），1951 年扩大为 29 家；广益书局等 63 家私营单位组成了上海通俗读物出版业联合书店（简称"通联书店"）；

1951 年 6 月，文德书局等 37 家私营单位组成上海连环画出版业联合书店（简称"连联书店"）。

1951 年 6 月，出版总署出手将三联书店、商务印书馆、中华书局、开明书店、联营书店的发行部门合并组成中国图书发行公司，上海同步成立分公司。1954 年 1 月，归并于新华书店。

同时，政府从 1951 年至 1956 年期间，成立上海市处理反动、淫秽、荒诞书刊办公室，对书铺、书摊、书贩等留存的反动的、淫秽的、荒诞的旧小说、旧连环画、旧画片等进行了 5 次处理，包括检缴、取缔、以新换旧等，加上 1952 年开展的"三反""五反"等，在市场得以净化的同时，也促使一些书贩、书店由此进入转业、歇业的态势。

1954 年 9 月，华东新闻出版局接受上海通联、连联和童联三家单位公私合营，成立上海图书发行公司，由原中图公司上海分公司经理毕青任经理，王子澄、刘季康、郭小丹任副经理。

起初，上海图书发行公司与各私营出版社及其私私联营单位建立了总经销或经销关系，是一家有别于新华书店（从事国有和公私合营出版单位的图书经销）的第二家批发单位，这也使其基本上掌握了上海全部私营出版物公开发行的业务。

不过，这类私营出版单位和出版物也是日趋减少，不仅这些单位生存难以为继，就连上海图书发行公司也难有突破。有益、有用的古旧图书则随着书店、书摊的歇业而大量涌现。1956 年 1 月，上海进入社会主义改造的高潮，大多数持有营业许可证的书铺、书摊进入公私合营，寻求安排改造等。于是，根据上级部门的指示，上海图书发行公司开启了以古籍书店、上海旧书店为主的古旧书开业经营模式。

1958 年 9 月 1 日，上海市出版局决定上海图书发行公司改名为上海古旧书店，由新华书店上海分店副经理齐建平调任经理。同时，所有新华书店和上海图书发行公司所属书店全部下放各区文化局领导和管理。

这次改名和下放，使得上海古旧书店失去了市级、"公司"的身份，变成了黄浦区的下属书店。其他旧书门市部也归所属区管理。

1959 年 9 月 21 日，上海古旧书店在福州路 338 号开设期刊门市部。

1960 年元旦，上海市出版局又指示，将原由黄浦区文化局领导的上海古旧书店、外文书店以及分散在虹口、静安、卢湾的旧书门市部收回、合并成立上海图书公司，归市出版局领导。

上海图书发行公司经过上海古旧书店回到上海图书公司，差不多就一年时间，名称中不要"发行"了。1960 年 11 月，上海图书公司又遭改名。上海市出版局指示，成立上海古旧书店和上海外文书店，由市出版局领导。1961 年 1 月，福州路 380 号外文旧书门市部（1958 年 5 月 17 日成立）划归外文书店，统一装订厂和新亚印刷厂划归上海古旧书店。

……

上海图书公司成立50周年时印行了一册《隐秀含英集》，其刊发的《上海图书公司五十年大事记》载有：

1959年3月，上海古旧书店编印《珍本善本书目》初编。1961、1962年又编印第二、三编，共收录古籍书店1956年5月成立以来至1961年12月收购到的珍本善本古书1866种。

1959年9月，上海旧书店发现载有毛泽东同志早期著作和革命活动的《天问》周刊24期和《湖南自治运动史》上册（现藏上海图书馆）。

1960年11月19日，古籍书店收购到宋刻本古籍一批，内有：《紫云先生增修校正押韵释疑》《附释文互注礼部韵略》《会稽三赋》《孟子或问纂要》《欧阳修年谱》等。上海旧书店收购到革命书刊一批，其中有瞿秋白译《无产阶级的哲学——唯物论》、萧楚女著《社会科学概论》、恽代英编著《政治学概论》和《中国国民党与劳动运动》、1924年至1925年出版的《反帝国主义运动大同盟会刊》1—8期。

1963年，古籍书店收购到明代万历刻本《古本董解元西厢记》（现藏上海图书馆）；编印《革命书刊伪装本目录》，共收本店收购到的伪装本书刊187种。

1965年，据统计，从1956年设立古籍书店和上海旧书店开始至1965年的十年间，共收购到各类古旧书刊5000

多万册。其中珍本、善本古籍 4800 多种，各种稀见珍贵的革命进步书刊 8000 多册。

1972 年，上海书店在嘉定流动收购时发现明成化年间刻印的说唱词话 16 种、传记 1 种（现藏上海博物馆）。

1973 年，上海古籍书店收购到宋刻残本《咸淳临安志》29 册（现藏北京图书馆）。

1975 年，上海古籍书店在仓库整理中发现《戚蓼生序本石头记》钞本 1—40 回共 10 册，据考证系有正书局版《国初钞本原本红楼梦》之底本（现藏上海图书馆）。上海书店收购到 1929 年中国共产党中央在上海出版的秘密油印刊物《中央通讯》和《政治通讯》共 3 本。

1976 年，上海古籍书店自 1966 年至 1976 年十年间共收购到善本古籍 61 种，内有明万历刻本《虔台舆图要览》、明万历刻本《惠州府志》、明嘉靖刻本《龙飞纪略》、明铜活字本《皇甫曾集》、朝鲜活字本《外科精义》等。

1978 年，古籍书店收购到明万历刻本《嘉量算经》、明嘉靖刻本《娄子静文集》、明嘉靖刻本《蓬窗日录》、明凌濛初朱墨套印本《西厢记》等善本古籍 60 余种。

1985 年 1 月，上海书店改名上海图书公司，出版图书及部分门市部仍用上海书店名称。

……

（2022 年 11 月 13 日）

古籍书店定 20 日开幕

公私合营上海图书发行公司设立的古籍书店，将于本月 20 日开幕。这个书店是将新华书店古籍门市部和修文堂、温知、忠厚、汉文渊四家古书店合并而成的。书店的地址设在福州路四二四号——四三六号。

古籍书店主要是在党和政府的关怀下为了适应学术研究的需要而设立的。古籍，是一项可贵的民族遗产，也是历代人民所做的各项研究工作的总汇，这些珍贵的文献，对我们的学术研究工作是很有用处的，而古籍书店的开幕，将为我们的专家、学者、知识分子增加许多方便。另外，古籍书店也将做很多保存珍贵古籍的工作。

古籍书店备货有一万多种，其中有二千多种已经编成了书目，书目略分为哲学宗教、政治经济、科学技术、文学艺术、历史地理、语文等类，便于读者查考，其他如地方志、医书、期刊等书今后也将分别编印分类目录。

书店除了办理一般门市业务外，还将办理收购古旧书，代办、寄售以及修补古书等业务。

（1956 年 5 月 17 日《新民晚报》）

本市新设的古籍书店开幕

本市新设的古籍书店在今日开幕了。这个书店是由公私合营上海图书发行公司和原来的新华书店古籍门市部合并组成的（在福州路四二四号），共有历代古典图书一万多种，内中有一部分是善本珍本，是学术研究机构研究古典学术文艺的珍贵资料。昨日下午本市科技研究机构、图书馆、文史馆、博物馆、各大专学校、医药界以及文艺团体和出版界等负责同志，前往参观了这个书店，一致认为这些图书对研究工作有很多用处。

（1956 年 5 月 20 日《解放日报》）

适应学术研究需要　公私合营古籍书店今天开幕

一家专门为适应学术研究需要而设立的公私合营古籍书店，今天正式开幕。这家书店是由公私合营上海图书发行公司设立的，国营新华书店上海分店古籍门市部的工作人员和全部存货移转到古籍书店，公私合营修文堂、忠厚、温知、汉文渊四家古书店也同时并入。它的主要业务是：供应我国新印和旧藏的古典学术文艺书籍、兼办各种艺术作品，并设有服务部，接受各方面委托代办、寄销及修补古书等业务。

这家书店现在备书共有一万多种，其中有两千多种已经编成了书目，分为哲学宗教、政治经济、科学技术、文学艺术、历史地理、语文等类。这许多古籍书中间，有很多是历代珍贵的古典图书，它们将给专家、学者、知识分子在学术研究上以许多便利。

这家书店开设在福州路四二四—四三六号。书店的门市部布置古色古香，具有民族风格。

在这家书店的筹备过程中，四家公私合营古书店的私方人员和职工等，都能认真地整理古籍，积极地进行筹备。现在，他们都已在新的工作岗位上工作，并将进一步发挥他们的所长，像擅长鉴别古籍书的修文堂古书店私方以及其他有擅长修补古书、善于进货业务的私方人员和职工这次都根据他们的业务经验作了适当的安排。

昨天下午，这家书店曾招待各有关单位参观。上海博物馆、上海历史文献图书馆、复旦大学、郑州大学、福建师范学院等单位都来预订了许多珍贵的古籍书。

（1956 年 5 月 20 日《新闻日报》）

古籍书店今天开始接待读者

古籍书店今天开始接待读者。

在近福建路口的福州路上，一块巨大的、奶油色的横额挂起来了，上面，四个青铜色的飞舞草字：古籍书店。这四个字是从鲁迅先生的书简中选集的。

走进古籍书店，一种宁静的、古雅的气氛感染着读者，大的和小的宫灯安静地悬挂着。四壁都是挂了标签的古书。在西室，是线装书；在东室，是新印古籍和一部分五四以来出版的书（如《鲁迅全集》等）。

古籍书店的备货有一万多种，其中五千种左右已经陈列出来了。他们正在准备一个卡片箱，不久以后，这一万多种书都要编成卡片放在卡片箱里，那时候，读者到书店来时，只要说出自己所需要的书名来，书店营业员马上就可以根据卡片记录查到这本书。

昨天下午，古籍书店预先招待了上级党政机关的同志和本市各大学、各图书馆等有关单位的专家、学者、知识分子。有不少同志并当场选购了一批书籍。

（1956 年 5 月 20 日《新民晚报》）

使珍贵的古籍为国家建设服务

——介绍古籍书店

古籍是历代人民的智慧的记录和结晶，古籍是一项重要的文化遗产。我们不是空手来建设社会主义的，我们要承继遗产，那么，就需要古籍。

古籍书店，是为了配合"向科学进军"的需要而设立的；是为着适应知识分子的需要而设立的；是为着适应国家建设的需要而设立的。

比如说，你要了解某一地区的产物，需要经过多日或多年的调查。但是，在这个地区的地方志中就有记载，它把前人的多少年来的调查工作记载下来，它可以帮助你少走多少弯路、节省很多时间。比如说，教师们要备课，也需要许多参考资料，语文课本上有一课选了几则《世说新语》中的笔记，语文先生在教课之前当然应该把《世说新语》这本书浏览一遍。又比如说，做学术研究工作的人，需要占有大量的材料，古籍也常常是供给这类材料的源泉。至于珍贵的古籍是国家的瑰宝，那就更不必说了。

古籍在国家建设中占有如此重要的地位，那么，很显然的，过去的那种小的、私营的古旧书店就远远不能满足人民的需要了。

我们不能否认这些私营古旧书店的作用，它们较一般的私营商店是有区别的，它们在保存祖国的文化遗产方面是起了作用的（虽然常常是不自觉的），然而，也由于是私营，不可避免的，它们也就有很多缺陷：范围小、因陋就简，书籍的分类不明确、管理不科学，对购买古籍的读者不方便，此其一；收购和出售古旧书的价格不统一，因而，就不能很好地起沟通藏书、供给材料的作用，此其二；资金少，不能有计划的 ① 搜集和保存古籍，此其三；至于资本主义的经营方式，那更加是它的致命伤；这些缺陷，限制了私营古旧书店的发挥作用。

因此，政府就有必要将这项工作领导起来。

1954 年，新华书店设立了古籍门市部，它在保存古籍、供给学术研究材料上起了一定的作用，然而，由于业务范围的限制。有经验的从业人员的数量不多，它还不能很好地满足各方面的需要。直到今年的社会主义改造高潮、全市私营书店批准公私合营时，这个问题才得到了初步解决：由新华书店古籍门市部来与四家公私合营古书店合并，成立公私合营的古籍书店。

古籍书店在筹备期间，就显示了它的优越性。它的临时收购站购买了不少的珍本古籍，比如，明嘉靖本的《德清县志》，差不多可算是海内孤本；明天顺本的《条律疏议》，是一本古代的专门研究法律的书；闵刻本（明代）朱墨套印《幽闺记》，

---

① 此处"的"字按今规范应作"地"字。本书所收集的几十年前刊行的文章中，有些字的使用（包括语句结构和语法方面的问题）与后来确定的规范不同，若非有损原意，一般保留不改。——编者注

其中有很好的插画，是研究明代版画的极好的材料。不光是这些珍本书，其他的古籍也收购了不少，开幕后没有几天，就收购了一套"万有文库"和一个藏书家多年收藏的一千多种木版和石印的旧说部、笔记等。这些书籍，有的由上海市文物保管委员会订下来保存起来了，有的已经卖给学术团体。古籍书店还将做寄售古旧书、修补古籍等工作。

由于客观上对古籍的需要量很大，古籍书店除了在上海收购外，并将有计划的派人到外埠去收购。

现在，古籍书店兼营收购和出售"五四"以来出版的旧书的业务。以后，本市还将专门成立经营旧书业务的旧书店，它将为读者们增加更多的方便。

（朱衣/文，1956年5月25日《新民晚报》）

上海新设的古籍书店开幕

在上海素称文化之街的福州路上，一座有着八开间门面的建筑物前，挂上了一块奶黄色的横匾，横匾上镶嵌了四个古铜色的飞舞的草书："古籍书店"。

古籍书店是以上海分店古籍门市部为基础，和公私合营的修文堂、忠厚、温知、汉文渊等四家古籍书店合并组成的，由公私合营上海图书发行公司领导。它主要的业务是供应我国旧藏和新印的古典学术文艺书籍，兼办各种艺术作品，并设有服务部，办理代办、寄销及修补古籍等业务。目前备货有一万多种，内中有一部分是善本珍本，是学术研究机构研究古典学术文艺的珍贵资料。

这座书店布置得典雅整洁。门市中间二扇橱窗，一扇是敦煌壁画，一扇里面悬挂着我国伟大的医药家李时珍的画像，陈列了我国的医药名著，左面的一扇放着有关金石考古方面的书籍，右面的一扇布置了二十四史的什景书箱一套。门市部里悬挂着民族形式的宫灯，四壁都是挂了标签的古籍。西室陈列线装书，东室里陈列的是新印古籍和一部分"五四"以来出版的书籍（如《鲁迅全集》等）。门市东西两旁都有读者休息处。在雪白的墙壁上有两幅毛主席的语录，东面是："在中华民族的开化史上，有素称发达的农业和手工业，有许多伟大的思想家、科学家、发明家、政治家、军事家、文学家和艺术家，有丰富的文化典籍。"西面的一幅是："我们必须继承一切优秀的文学艺术遗产，批判地吸收其中一切有益的东西，作为我们从此时此地的人民生活中的文学艺术原料创造作品时候的借鉴。"

在二楼还设有珍贵书籍陈列室，三面都是书橱，陈列着珍本古籍。这里是用来专门招待专家、教授和外宾的。

紧依着古籍书店，设有古旧书收购处。收购处的工作人员和职工，一般都具有收货的业务能力。他们的任务是经常不断地供应古籍的货源，以及发掘和保存珍贵的古籍版本。

古籍书店于五月廿日开幕。开幕前夕，该店邀请了上级领导机关、有关机关的负责同志和专家们前来参观指导。来宾们认为这些图书对学术研究工作有很多用处。文史馆馆员谭声巨老先生在读者意见簿上留下了这样的意见："你店这个经营组织，正合我们这些研究古典学术者的理想和要求，我们有好些问题是有赖你店解答的。"

开幕那天前去参观选购的人很多，宽敞的店堂变得狭小了，这天的营业额共达一万二千三百余元。

（1956 年 6 月 8 日《新闻日报》）

古籍书店收买到珍贵古籍

古籍书店最近陆续收买到一些较为珍贵的古籍，其中有明版《大明一统名胜志》(共有六十四本)、明钞本《文体明辨》(共有四十本)、明版《促织经》、清版《浙江省赋役全书》(共有四十二本)等。

《大明一统名胜志》是明代的一本地理书，它全面并详细地记叙了明代的名胜、古迹、风景等；《文体明辨》中有着很详细的文章体裁分类，这个钞本的时间估计是相当早的；《促织经》是宋代贾秋壑(贾似道)所著，其中对蟋蟀的分类、养法等有很详细的记载；《浙江省赋役全书》包括了清代顺治、康熙年间浙江全省各县的田亩、赋税等的详细记载，这本书对于研究清代的经济情况极有价值。

古籍书店最近举办了寄售业务。有些人手头有一批用不着的旧书想要出让，但一时找不到买主；又有一些人，想买某一本旧书，但不晓得到那里去找。现在，古籍书店举办了寄售业务，代替读者寄售线装书和旧书，它部分地解决了这个问题。

古籍书店从举办寄售业务到现在，已经接受代售了一千册左右的书，其中有五百册左右已经卖掉了，这当中，有《鲁迅日记》，有四百四十本的《四部丛刊》等书。

(1956 年 6 月 24 日《新民晚报》)

在古籍书店里

星期天，逛一逛福州路上的古籍书店，对有淘旧书癖的人来说，也可说是人生一乐事。

这是一家新型的、规模巨大的旧书店。它的八开间的宽敞的铺面，具有古色古香的民族风格。在四盏大宫灯下面，放着墨绿色的藤椅，桌上还有盆花。使人有窗明几净、怡然自得的感觉。这里的备书相当丰富。要是你往书架、书柜里细细看一看，就可以发现有宋版、明版的"善本""珍本""孤本"，有些书，不是木刻的，也不是石印的，更不是铅印的，而是著作者蝇头小楷手写成的，这就显得格外名贵。还有许多古籍，纸色已呈焦黄，但书的下角盖有色泽鲜红的篆文印章："某某收览""某某楼藏书"，证明这些珍贵的图书都是经过历代的藏书家精心的收藏和保管下来的。

淘旧书的人，都有随便翻阅旧书的习惯。在古籍书店里，除了一些特别名贵的书以外，就有这种方便。你要看什么书，就可以自己往书架上拿。因此，每逢星期天，这里是济济一堂，座上客常满。有许多老年人，他们戴着老光眼镜，坐在藤椅上摇头拍案，朗朗吟哦，有的还掏出小本子来摘录、抄写。

在古籍书店里，使你深深地感到我国具有悠久历史的文化遗产是多么受人重视和欢迎。到这里来买书的，有两方面人。科学院、研究所、图书馆、大学，他们通过古籍书店，要求搜罗珍本名著，从事研究。譬如古籍书店最近收买到明版《大明一统名胜志》、明钞本《文体明辨》、明版《促织经》、清版《浙江省赋役全书》等等，这些书一到古籍书店，马上就被文化部收购去了。但大部分的顾客是一般的市民，他们怀着对我国文化遗产的热爱，他们在古籍书店里买到人人喜爱的、家喻户晓的《三国演义》《水浒》《红楼梦》《聊斋志异》等等。据说《唐诗三百首》是一本脱销已久的热门货，每天总有很多唐诗的爱好者到柜台上来问："《唐诗三百首》有伐？"

古籍书店除了供应古籍旧书外，还设有收购部和寄售部。他们与上海著名的收藏家、旧书店有频繁的联系，因此这里是旧书的总汇，是古籍的吞吐口。据6月份统计，古籍书店进书是三万五千多部，十万多册。销书是一万八千多部，十二万多册，营业额是六万多元。

古籍书店的副经理孙实君，是一个六十多岁的老年人，头发花白，精神很好。他原是私营修文堂书店的资方，具有四十多年的经验，善于鉴别各种版本，而且与藏书家、文化界人士有多年的交往。他说："今年以来，旧书店的生意一般都要比去年好起二倍到五倍。"接着他分析生意好的原因说："这无疑是党和政府号召重视和继承祖国文化遗产、开展学术研究的结果。读者对我们的要求越来越高了。"

古籍书店副经理的话，也可以从读者意见簿上得到证明。一个研究古典音乐的读者要求代为搜罗一本《伯牙心法》。有很多美术爱好者要求供应故宫旧印书画和敦煌图案等等。一个文史馆馆员写道："你店正合我们这些研究古典学术者的理想和要求，我们有好些问题是有赖你店解答的。"最后，我作为一个古籍书店的读者，也想提一个意见，我认为随着学术研究的展开，为了满足读者学习文化遗产的要求，像这样的古籍书店应该多开几个！

（1956 年 7 月 8 日《新闻日报》）

上海最大的旧书店　明天开始营业

　　上海最大的旧书店——上海旧书店，7 日开始营业。该书店拥有中、外图书二万七千多种，期刊二千多种和一百多种旧报纸。这当中包括一些珍贵的文学、艺术、科学等方面的书籍，如《鲁迅全集》，原版的莎士比亚的著作，英、美、法、日等国的百科全书、《万有科学大系》和全国稀有的《世界美术全集》等。读者们可以在这里买到不同学派的著作，学术研究中需要的资料和各种工具书。

　　　　　　　　（建一 / 文，1956 年 10 月 6 日《文汇报》）

上海旧书店顾客奇多　第一天售书计万余册

　　设在上海福州路上的上海旧书店，已在昨天正式营业。据估计，第一天的顾客达五千人以上，售出书刊计一万多册。这家书店开幕以后，将为科技、社会科学、文学、艺术各方面的研究工作提供更多的、有价值资料。

　　　　　　　　　　　　　　　　　（1956年10月8日《文汇报》）

购买旧书应当有所选择

上海旧书店在开幕前一天（10月6日）招待本市有关单位及专家去参观。这天下午，真是群贤毕至，盛况空前。各单位前去的人，少则二、三人，多则数十人，如复旦、华东师大、师范学院就是坐了大卡车去的。

铁门一拉开，人像潮水一样地涌了进去。接着展开了一幕紧张的定购"竞赛"，你抢我夺，各不相让。人来得多的单位，则分工合作，写的写，贴的贴，到处贴满了定购的红纸条。有的还揭掉了人家的条子，换上自己的条子，发生了口角。据说，某大学把期刊都给抢购去了。有的书上甚至贴上了六，七张定购条子，如《中国新文学大系》，就有七个单位定购。而一本普通的《中国古今地名大辞典》居然也有四个单位预定。说来也许令人难以置信，连《四库全书总目提要》也有两个单位同时争购。有一个单位连《辞源》也贴上了定购的大红条子。

我们觉得为了保证满足科学研究的需要，定购书刊是必要的，但是应当有所选择。有些普通书是否值得争先恐后地定购，那是应该考虑的。

为了缓和图书资料供应的紧张情况，为了帮助新建立的兄弟单位添置必备的基本藏书，我们希望藏书有基础的单位，少买些普通书的复本，考虑怎样来很好的调度；而对本单位用处不大的图书，也尽可能少买。要有计划地采购更急需的参考书。这不但有利于各单位补充藏书，也有利于科学研究工作的开展。

（火花/文，1956年10月11日）

有"君子之风"的买卖 古籍书店二三事

《镜花缘》中描写的君子国那里的做买卖等事都有君子之风，今天，我们在古籍书店好像看到了这种风气。

有一天，有个住在蓬莱区乔家路药局弄二十六号的妇女陆丽仙拿了几本古书到古籍书店来准备出让，古籍书店收购处的同志分析了这几本书的版本和内容，认为其中的一本清代的手抄本《华夷译语》是罕见的书，其他几本都很普通，就以四十四元的价值把这几本书收了下来。

收下来以后，因为《华夷译语》这本书中有许多少数民族文字，古籍书店的同志对它也不熟悉，便再去请教专家，经过专家研究，断定这本书是一本相当罕见的书。原来，《华夷译语》是明代刊行的，其中有四种少数民族文字及汉文的音译和义译，现在的这本书是清代的手抄本，明刻本到现在已经绝版了，因此，这本书不仅在版本上异常名贵，而且，对研究少数民族文字也有极大的用处。后来，这本书为复旦大学以二百元的价格买去。

古籍书店卖掉这本书后，觉得原来出给来出让书的那位妇女的价格太少了，便主动的补去了一百元给她。

像这一类的事情在古籍书店是经常发生的。另外一次，有一个读者出让一本《太平广记》，他只要三十元，经过该店估价后，认为这本书版本甚好，乃以一百六十元的价格收购下来。

（燕草／文，1956 年 10 月 22 日《新民晚报》）

上海古籍书店　四个月供应 90 多万册书

上海古籍书店在成立后的 4 个月中供应了 75 000 多部（90 多万册）的古典书籍，其中一部分珍贵的古籍已供应给各地图书馆、博物馆、文史馆、学术研究机关和中央文物管理局保存。

在一批珍贵的古籍中，有供研究明代法律的天顺本《条律疏议》；研究明代戏曲的刻本《幽闺记》；研究金元二代关于北京历史资料的《事林广记》等珍本，此外还有《敦煌画之研究》、明代钱谷的手抄本《吴都文粹》、明代天启本《海盐县志》等坊间少见的古籍。

（余龙葆/文，1956 年 10 月 30 日）

访书的人

古籍书店的王兆文，是个访书的人，最近曾经好几次被派到外埠去搜购古籍。我就请他谈谈访书的经验。

他戴一副度数相当深的眼镜，态度谦和、拘谨。他说有目的地去搜购书籍，并不困难。比如说，他事先知道谁的家里有书籍打算出让，就备款去买，那很简单。但是，事情并不是每次都是那样的，他常常到某一个县或者镇，还不知道书究竟在何处。

逢到这种场合，他总是先向所住的旅馆打听：当地收旧书的担贩在哪一个茶馆中聚集成市。他找到了担贩，就大致上知道了附近那些人家藏有书籍，担贩们不但会把书情告诉他，并且还乐于陪他去访问那些有书的人家。因为担贩可以从他那里得二成佣金。

有些有书的人家，是不大欢迎担贩单独去找他们的。他们对已经藏了多年的书籍，怀有一种深厚的感情，即使想出售，也要卖给一个可以信赖的人，若是以低价售给了小贩，这旧书的命运就难说了，是一页页地被拆散去包花生米呢？还是终于到达需要这些书籍的人们手里？书籍的主人往往要对书籍的命运担心。

王兆文带去的介绍信表明了他的职业是重视古籍的，他还告诉那些藏书的人们，他所收购的书籍，有一部分是去供应北京图书馆、中国科学院、复旦大学、华东师范大学这些学术团体和学校的。但是，光靠这些还不能赢得人们对他的充分信任和感情上的接近。

人们往往要对他进行一种考验：跟他谈书。从某一部书的内容谈到原书作者的生平，乃至这一部书的各种版本的优劣。人们要探明他确实懂得书，才信任他不会埋没了书。

有一次，王兆文在常州碰见一位姓沙的老先生，两人谈了许多关于书籍的话之后，他才领王兆文去看他的藏书。他的确有不少藏书，在敌伪时候，怕遭受损失，他小心地把书从城里转移到乡下去。胜利后又从乡下把书装回城里。当王兆文向他表示愿意收购他的藏书的时候，他说："我可以把书卖给你们，但是这并不是单纯的商业行为。如果说只是为了钱，我是轻易不肯卖这些书的。既然你们买去是供应学术团体作为资料，我很开心。"

访书并不是一件太简单的工作，王兆文常常忘了疲倦，凭着两条腿跑很多路到小村里去看一、二部书。有一次，他在如皋的一个小村里，顺便问问一位老太太有没有什么书籍要卖，那老太太说在灶间里好像有一堆书，她从很厚的尘土里取出一部书来，乃是宋朝人的著作明朝版的《史通》，难得的是一页也不曾短少。像这样深入的访书，往往使王兆文得到意外的收获。

（陈恕／文，1957 年 4 月 14 日《新民晚报》）

寻访古旧书报杂志　上海旧书店在本市开展收购工作

　　我国目前最大的古旧书店"上海旧书店"来本市访寻收购古旧书报杂志，已获得可喜的成绩。

　　上海旧书店的工作人员，从 3 月 24 日在本市展开了收购工作。到 4 月 8 日为止，他们已收购到报纸 6000 多张，杂志 1000 多册，报纸有解放前在重庆出版的《新华日报》，其中有毛泽东同志的《论联合政府》的专篇。江北鸳鸯区龙溪乡双碑高级社社员沈继尧卖了 300 份清代光绪年间出版的《申报》给他们，他们还收购到 1944 年到 1952 年的《大公报》(重庆版)全份、1941 年 4 月到 1945 年时《新民报》日刊(重庆版)全份。杂志有延安出版的《解放》和在重庆出版的《群众》。他们从一个收藏者手里，买到七本完整的《群众》杂志和一些这个杂志的零散篇页，他们又从这些零散的篇页中整理出了 3 本完全的和 10 多本缺一页、两页的《群众》杂志。书籍方面，他们已收购到解放前出版的《鲁迅全集》一部，还收购到郑振铎著的《插图本中国文学史》等。同时，他们也收购到一些可作研究资料用的反动书报杂志。

　　据上海旧书店的人员谈，他们旧书店与上海革命纪念馆和各地大图书馆、高等院校等近两百个单位有联系，他们寻访收购到难得的资料，常是主动供应给最需要的单位，使古旧书刊杂志发挥了较高的作用。到他们书店直接购书的读者，每天有2000多人。让卖古旧书报杂志给他们的，每天约在200人以上。收购书刊时，他们主动按资料价值估价，出售的人一般都感满意。他们在新华书店民权路门市部（民权路58号）办理收购工作。

（1957年4月12日《重庆日报》）

古籍今用

批判了"厚古薄今"的思想以后，古籍如何为今所用，这是人们所关心的。古籍能否为社会主义建设服务呢？回答是，能够，而且服务得很好。

上海古旧书店近两年来，共销售了古旧书刊约 450 万册左右，其中的一些，为社会主义建设提供了许多资料。今年"双反"运动以后，由于政治挂帅，工作向前跃进一步，全体工作人员鼓足干劲，又从书库中整理出一批古籍。其中特别着重于地方志的整理。凡是找出与某地有关的地方志，便主动和当地的县委会联系。现在，各地县委会一封封回信都寄到古旧书店，对他们的服务热情表示感谢；对地方志中所提供的资料，则认为对当地的建设有参考价值。半年以来，这个店共销售地方志一千部以上，目前备有地方志的货源在一千种左右。

地方志，是记录一个地方的风土人情、地理沿革的概要，一般人接触较少。在全民大办工业、全民炼钢、全民找矿以后，地方志就成为地方基本建设不可少的工具书。建设者们可以从地方志中了解当地的地理沿革、水文纪录、地震资料、农产品和矿源情况。

几天以前，报上刊出青浦县淀山湖水底发现大量铁矿石的消息，这是人们所关心而又颇有趣味的一个问题。既然是湖，原来的山在何处？铁矿石又如何能露出水底呢？在《青浦县志》中这样记载：

> "……淀山，宋时，山在水心，并湖以北为一澳曰山门溜，东西五六里，南北七八里，正当湖流之冲，为古来吞吐湖水之地……元初，湖去山西北已五里余……"（《青浦县志》卷四页八）

从这段记载，可知淀山湖从宋元以迄今日，地理上所起变化，可以作地质大军在当地进一步探索铁矿资源的参考。

上海人民正为完成今年 120 万吨钢而英勇奋斗。而炼钢的铁要从几千里赶运而来，自是不便。上海究竟有没有铁呢？《上海县志》曾有这样的记载：

> "……淀山，在华亭凤凰山北……按华亭今松江县，三国吴陆逊封华亭侯于其地，故名。——（记者）……相传土宜美箭，故名。或云产铁，不知何所。东壁一石中断，人称干将试剑石。……"（明嘉靖刻本《上海县志》卷一页二）

从这个记载可以推测，上海是曾经产过铁的，但那只不过是造箭之用。目前这样的铁是否还可找到？找到又是否能满足钢铁联合企业的需要呢？这仍要我们以此作为参考资料，去作进一步的寻找。

上海地方志关于地下矿藏的记载不多。但别的许多记载中，我国从汉以来（一千多年以前）就发现有天然气。而且有钻井地质、采气、输送、储运的专业分工的能工巧匠。《后汉书》郡国志中有："临邛（今四川邛崃县）……有火井。"晋常璩著的《华阳国志》中有："临邛县有火井。夜时光映上昭，民欲其火，先以家火投之，顷许如雷声，火焰出，通耀数十里。以竹筒盛其光藏之，可拽行终日不灭也。井有二水，取井火煮之，一斛水得五斗盐。家火煮之，得无几也。……"这记载了那时我国人民已利用天然气作照明、煮盐之用。并以竹管作管，储藏和运送天然气。这就是地方志给我们珍贵的资料。

自然，前人为当时的历史条件所限制，他所写下的地方志不可能是完美的科学记载，还需要我们根据今天的具体环境作分析研究，只能作为工作上的参考之用。

上海目前各图书馆藏的上海县志有数十种，最早的是四百多年前的明弘治刻本、嘉靖刻本和万历刻本。清康熙、乾隆以后的刻本则较多。上海的有关方面已进行了一次十分有意义的工作，根据上海及邻近县的三百多种县志中，找出有关煤铁及其他矿源资料的记载，加以分析研究，供给基本建设大军的参考。

上海徐家汇藏书楼藏有比较丰富的地方志，这座藏书楼已有一百余年历史，从1847年清道光时就开始藏书，到现在留存下来的地方志仍有二千七百余种。其中以甘肃、陕西、云南、贵州四省的县志最为齐全，这是因为当时法帝国主义曾把这个地区划分为它自己的势力范围，收集这四省的方志花费的力气最大。披着天主教外衣的帝国主义分子深为懂得，地方志中有许多珍贵资料可以用来更狠毒的搜刮中国人民。但曾几何时，换了人间，这怕非"传教士""始料所及"吧。据说，在甘肃、云南的本省县志，都没有这儿藏的丰富完整。因此，这两个省今年都曾派人到藏书楼抄录了好几个月。

现在，在图书馆里，借阅和抄录地方志的人川流不息；在古旧书店里，购买地方志的信函也是纷至沓来。我们的时代多壮丽，人们的干劲多大，热气多高，就是连古籍也不甘寂寞，不再听任蠹虫和腐儒的吞噬，而参加到轰轰烈烈的社会主义建设的行列了。

（杜敦绪 / 文，1958 年 1 月 1 日《文汇报》）

大扫除扫出宝物　明刻善本有好归宿

黄浦区新永安路六十三弄六号有一位十三岁的小朋友华津岳家里举行大扫除时，他的母亲从冷角落里检出了三部向来被闲置着的木板书，看起来一点也没有用处，便拿出来卖给旧货担。挑旧货担见是木板书，愿意出价四元收购，正讨价还价的时候，华津岳恰巧从外面回来，建议母亲卖给古籍书店。

华津岳在他母亲的同意下，把三部书送到古籍书店的收购处。看货结果，原来这些书都是明代刻本，计《诚意伯集》十六册，估价五十元；《四声猿》四册，估价十五元；《圭峰集》八册，估价八十元。合计一百四十五元。当时华津岳就高高兴兴地把它们卖给了古籍书店后，回到家里一说，他的母亲也喜出望外。

家家户户在进行大扫除当中，很有可能会把一些搁着不用的古书或旧书清理出来。为了使这些古、旧书能够发挥作用，古籍书店和上海旧书店已向全市各主要里弄进行收购古、旧书的宣传工作。

（1958 年 1 月 30 日《新民晚报》）

上海旧书店增设门市部

上海旧书店是一家从事搜集和供应旧图书资料的专业书店，为了适应文化学术大跃进的新形势，进一步为又红又专服务起见，在南京西路新华电影院对面增设了一个门市部。定今日开幕，便利就近读者选购和出让。

（1958 年 4 月 1 日《文汇报》）

古籍书店设特价门市部

　　本市古籍书店为适应读者需要，扩大供应范围，另在福州路二百六十号，设立特价门市部，出售各类刻本及一般古籍、碑帖。

（冠／文，1958 年 4 月 5 日《新民晚报》）

旧书店新措施

几个月前，我曾经带了一大包书上"上海旧书店"去卖，谁知道他们挑拣了一下后，只要少数几本，其余的却都不肯收购。同时，他们的估价也是不易理解的，使我不免怀疑它是否公道。

但是，最近，我发现他们的这种现象已有改进。他们已实行了旧书刊全部收购，按质论价的新办法，同时还在橱窗里布置出各种书刊的收购价格和出售价格，如：《钢铁是怎样炼成的》收价 0.60 元，售价 0.80 元；《青年近卫军》收价 0.90 元，售价 1.20 元；新版《资本论》收价 7.00 元，售价 9.00 元。这就说明了这些书的定价都很公道，利润也较合理，为我们买书的人和卖书的人解除了一些不必要的顾虑。

（小希/文，1958 年 4 月 19 日《新民晚报》）

使古旧书为今人效劳

古旧书店在跃进中"厚古薄今"一扫而空

经常跑跑古旧书店的人都知道，以前，上海的古旧书店都是东一家西一家分散经营的，彼此又互不通气，所以要买书往往得跑来跑去，而且书价不一。古旧书业经过社会主义改造后，全市已出现了几个比较大的集中的古旧书店。在那里，不但可以买到有价值的孤本、珍本、秘本和绝本，也可以买到出版不久的旧书和过期杂志。旧书店成了旧书的流通和交换站。

现在，古旧书店的每个工作人员都懂得古旧书应为社会主义建设服务、必须"古为今用"的道理，要取得这样根本性的转变并不是一件容易的事。记得 1956 年上海第一家古籍书店和上海旧书店在福州路成立后，曾发生过抢购现象，从此古旧书身价百倍。在工作人员的思想上对古旧书应该为谁服务的问题没有解决，因此从橱窗布置到内部书柜陈列，都非常突出地表现了"厚古薄今"和"厚旧薄新"的现象。在工作人员的思想上，对一本古旧书的评价，根本不考虑或很少考虑到对社会主义建设的作用和对学术研究的价值，只凭多寡（越少越好）、凭价格（越高越好），甚至到后来变成不管是什么内容的书只要有人要，就高价收进和出售。

遍及全国

经过整风，在全店反复地展开了"厚今薄古"的讨论。这种现象才迅速扭转。现在上海古旧书店的供应单位已遍及全国各省、市和自治区（除西藏外），经营作风也有很大的改进。现在，在旧书店出售的书刊都经过选择，防止坏书的流通。旧书店成为社会主义文化的传播站。

旧书活用

在工作人员明确了"古为今用"的思想后，使许多长期放着不用的旧书也活用起来。如该店的科技组同志，看到全国大搞炼钢工业和机械工业时，他们便去库房里、出版社、印刷所收集有关方面的旧书，使这些也能为"元帅"效劳。如他们收集的《贝氏炉钢》（龙门版）和《最新化学工业大全》（商务版）等，都成为供不应求、普遍受欢迎的书籍。

送到里弄

正当本市各里弄普遍建立民办图书馆时，他们就组织供应队，分发目录，把许多收购来的旧书和连环画送到里弄里去，使许多里弄图书馆能化少数的钱，买到便宜而实用的书，使旧书为文化革命服务。

配补杂志

为满足公共和私人研究参考需要，本市旧书店还在进行一项巨大的工作，书店已建立五百平方公尺的书库，专门搞期刊补缺和图书配套的工作。这里已收集了全国各地出版的上万种不同时期的杂志和数不清的文库和丛书，等到一本一本收齐后卖出去。现在，如果读者要买成套的杂志，和补残缺的书刊，只要去旧书店登记，等他们配齐后，就会通知读者前往购买。

（1958 年 10 月 6 日《新民晚报》）

廿五年前的画册

　　著名的比利时名画家麦绥莱勒的画展正在上海举行。大家对于这位画家的名字和作品（尤其是木刻）都是并不感到陌生的。因为，早在一九三三年的时候，我国出版界即曾翻印过他的四部木刻连环画册：《一个人的受难》《光明的追求》《我的忏悔》和《没有字的故事》。当时，是由《良友》出版的，印刷装帧都很精美，鲁迅先生等曾在这些画册中分别撰文介绍，对作品的内容形式都备致赞颂。

　　这次画展开幕之前，麦绥莱勒这位七十岁的艺术家，曾来到上海观光。他知道他的四部画册在上海出版过，就到处访求，希望能够购得全套，以留纪念。可是，他的中国朋友们虽然跑遍了上海的新旧书店，终于不能如愿。这是由于这些画册在当年出版的数量是极少的，加以时隔廿五年，即使有人藏有这些画册，也不免在解放前上海历经的变乱中遗失殆尽了。

　　直到上月下旬，上海旧书店里从外埠收来了一批画册，发现麦绥莱勒的四本画册，恰巧都在其内。尤其值得庆幸的是，这一套书，保藏得很好，封面也还是像新的一样。更巧的是，就在二十八日那一天，麦绥莱勒恰巧由他的中国朋友们陪伴着同到旧书店来选买书籍。于是，当旧书店的营业员们知道了这位贵宾就是他们久仰的麦绥莱勒时，就把那四本画册立即拿了出来，送上他的面前。当时，麦绥莱勒的高兴是难以形容的。

他热烈地跟营业员握着手，连声道谢，并且说："这真是我的极大的幸运"。

（刘华庭 / 文，1958 年 11 月 13 日《新民晚报》）

关于宋刻本·艺文类聚

上海古籍书店最近收购的结一庐旧藏的宋刻《艺文类聚》，是非常值得珍重的孤本。

这是初唐太子率更令欧阳询奉"诏"与裴矩、陈叔达一同纂修的一部类书，是我国古代国家纂修的较早的一部卷帙繁富的类书，它分类采辑了唐以前人的著作中有关的资料。千余年来，一直成为历代学人参考援引的典据，也是后来辑集和校订古逸书的重要参考书。

过去，这部书通行较好的本子，一般都认为是明代嘉靖中胡缵宗刻和山西平阳府刻的两个小字本。过去藏书家也偶有著录元刻本的，如艺芸精舍汪氏所藏，其实也不过是明代正德中的坊刻，行款、内容和嘉靖小字本都无差异。此书的宋刻本是不曾见过著录的。二十年前商务印书馆曾拟据胡缵宗本影印入四部丛刊四编，后因抗日战争而不果。现在发现的宋刻是远胜于胡刻的。仅就卷七第一页取两本对校，即有显著的不同，

如"石戴土"（"土"字嘉靖本误"上"）；"井络"（"络"字嘉靖本误"洛"）；"洒"字嘉靖本作"麗"；"西陵峡"（"陵"字嘉靖本墨钉缺字）；"颈缀著石"（嘉靖本"颈"误"头"）；"申足"嘉靖本作"伸足"。此外"镜"、"郎"、"弘"诸字宋刻也都避宋讳缺笔。一页之中，即有四五个佳字，则在一千六百

余页的全书中，可以校正误刻之处当更可观。这不能不说是最近发现的一部可珍的善本了。

（杨寿祺 / 文，1958 年 12 月 11 日《文汇报》）

上海古旧书店来锡　搜集革命文物史料

　　上海古旧书店在上海市出版局的领导下，为了全国各地有关部门和革命历史纪念馆对研究和保藏党史需要的革命史料，为了迎接上海革命历史纪念馆的成立，需要大量陈列和研究之用的革命文献和史料，因此最近组织人员至各地广泛征集革命文物史料。本市收购地点设在无锡市合作古旧书店和崇安寺、和平两人民公社的古旧书店内。

　　他们在过去两年内，深入民间广泛搜集到革命文物史料达两千余册；其中有《党的建设》《布尔塞维克》《列宁青年》《苏维埃的中国》《红旗周报》《第二次苏维埃大会》等书刊杂志。这些革命文物资料对研究和保藏革命史迹起着重大的作用。

　　　　　　　　（陈玉堂/文，1959年1月21日《无锡日报》）

鲁迅绘编《中国矿产全图》 最近在上海旧书店发现

　　1906年，鲁迅先生在日本仙台医学院中止学医，回到东京从事文学活动，其间曾编了一本《中国矿产志》，托名与江宁顾琅合著，在1906年出版；其实，《中国矿产志》是鲁迅先生一人写成的。在出版《中国矿产志》的同时，还编过《中国矿产全图》。《中国矿产志》近年来曾发现了几本，1952年上海出版公司出版的《鲁迅全集补遗续编》也曾收入重印。惟独《中国矿产全图》，长期来一直没有发现。《鲁迅全集补遗续编》内仅有一张关于《中国矿产全图》的广告。

　　最近，这张湮没已久的《中国矿产全图》，竟意外地在上海旧书店收进的大批旧地图和纸堆中清理出来了。全图面积横直各107公分，道林纸铜版套色精印，出版年份是光绪三十二年闰四月十五日印刷，四月廿日发行，编纂兼绘图者顾琅，但封套上却印国民必携《中国矿产全图》，江宁顾琅、会稽周树人合纂，图上还盖有收藏者朱红私章。除封面略有发黄外，全图还完整如新，可见这张图的主人，五十多年来，是珍藏得很好的。现在，这幅珍藏的鲁迅绘编的《中国矿产全图》，已由上海旧书店通知上海鲁迅纪念馆收藏。

（刘华庭/文，1959年1月14日《文汇报》）

鲁迅早期译作《地底旅行》在锡发现

　　鲁迅先生最初的翻译小说有《月界旅行》《地底旅行》《域外小说集》等多种（当时是用案子、索士的笔名发表的）。《月界旅行》《域外小说集》二书近两年来均先后被发现，妥藏于上海鲁迅纪念馆。唯《地底旅行》长年来未被发现，这本湮没多年的《地底旅行》，最近却在无锡合作古旧书店收购的一批废纸中被发觉了。这对研究鲁迅先生又多增添了一个新的资料。

（陈玉堂／文，1959 年 1 月 31 日《无锡日报》）

上海收集到一批珍贵革命文献　毛主席早期著作续有发现

　　上海古籍书店和上海旧书店，新近在全国各地收购到不少珍贵的革命书刊和有关近百年中国革命的史料。

　　这两个书店为了配合上海革命历史纪念馆筹委会广泛征集近百年中国革命史料的工作，去年年底曾陆续派出一批较有经验的干部，到全国各地去收购革命史料。三个月中，已经收购到不少珍贵的革命书刊，如 1919—1920 年间共产主义小组所办的刊物：《新青年》、《共产党》月刊、《劳动界》、《伙友》，以及中国共产党成立以来各个历史时期的书刊：《向导》周报、《红旗》周报、《红旗》日报，以及各地的党刊，党的出版机构华兴书局、江南书店、广州人民出版社、新青年社的出版物和为了避免当时反动政府的注意，用伪装出版的《列宁青年》《党的建设》《宣传者》《布尔什维克》《反帝国主义大战的斗争与共产党员的任务》等书，另外还有一些富有历史价值的传单。特别值得提出的是与毛主席初期革命活动有关的两种书刊——《天问》周刊和《湖南自治运动史》。

　　《天问》周刊创刊于 1920 年 2 月 1 日，16 开本，由天问周刊社编辑和发行，分发行所是泰东图书局。天问周刊社地址上海霞飞路（现改淮海路）277 号 B。现在收购到的《天问》周刊一共有 23 册，自第 1 号至 24 号，其中 4、5 两号系合刊。

第 24 号是在 1920 年 7 月 11 日出版的。在这一期的第一页上刊登了这样一则启事："本报编辑同人先后因事回湘，自下周起暂行停刊一月，仍当限期召集继续出版。凡外来函件请寄发行部不误"。后来似乎没有继续出版。为《天问》周刊写稿的多数是用笔名的，如问天、舌存、惜诵、大招、远游等。在《天问》周刊第 23 号上有毛主席写的《湖南人民的自决》一文，第 2 号"湘事远闻"中还提到毛主席的驱张（湘督张敬尧）活动情况。

毛主席是在 1920 年 4 月到上海的。当时驱张代表彭璜（湖南学生联合会评议部主席）等已在上海进行了许多活动，组织了一个"平民通讯社"，发行了《天问》周刊，专门揭发张敬尧祸湘的罪恶和刊载有关张的文章。

另一种《湖南自治运动史》，也是由泰东图书局发行的，出版于 1920 年 12 月 20 日。编著者为王无为。现在只收购到上集，里面引述毛主席有关湖南自治问题的文章四篇，而且还提到毛主席在湖南自治运动中的一些活动情况。毛主席的这些文章最初是在长沙《大公报》上发表的。这四篇文章的题目为：《〈湖南自治运动〉应该发起了》《再说"促进的运动"》《湖南建设问题的根本问题》《湖南受中国之累以历史及现状证明之》。

《天问》周刊和《湖南自治运动史》（上集）是上海从未发现过的珍贵书刊。现在已送上海革命历史纪念馆筹备处收藏。

上海古旧书店成立两年多来，陆续收购到的革命书刊和历史资料，除了供应革命历史纪念馆、鲁迅纪念馆和各公共图书馆外，还为各学术团体提供了学术研究资料。如中共中央马克思、恩格斯、列宁、斯大林著作编译局需要的很多国外早期宣传共产主义的书籍，在上海古旧书店的外文部找到了。又如中华书局收藏着重庆出版的《新华日报》全份，但独缺 1941 年1 月 18 日（皖南事变后第二天）的一张报纸，因为这张报纸中有周恩来同志"为死难者志哀"和"千古奇冤，江南一叶；同室操戈，相煎何急！"的题词。这一天的报纸出版后，即被国民党反动派没收。外埠的订户都没有收到这一天的报纸。上海旧书店在重庆收购到这份珍贵的报纸。供应给中华书局，使所藏的《新华日报》完整了。这份报纸，无论从资料意义上讲，从这份报纸的价值上讲，都是十分珍贵的。

在国民党反动派的长期残酷统治下，很多革命书刊和革命文物遭到了破坏，因此，今天的收集工作是存在着一定的困难的。但上海是党的诞生地和党领导工人阶级向帝国主义和国民党反动统治长期进行斗争的地方，由于广大人民对党和革命事业的拥护和热爱，人民群众冒着危险保存着很多革命书刊和革命文物。因此，上海古旧书店在收购这些书刊文物的过程中，也曾遇到不少动人的事例。有些读者在整理杂物时发现了革命书刊和革命文物，就主动和该店联系，使得许多珍贵革命史料被转送到革命历史纪念馆。

（丁之翔/文，1959 年 3 月 3 日《文汇报》）

珍贵的革命资料

上海古旧书店曾在重庆收购到一张极为珍贵的报纸，这是1941年1月18日（皖南事变后第二天）的《新华日报》，上有周恩来同志的题词："为江南死国难者志哀"和"千古奇冤，江南一叶；同室操戈，相煎何急！"。这张报纸出版后，即为国民党反动派没收，因此，外间流传甚少。昨天本版刊出"上海收集到一批珍贵革命文献"新闻中，曾提到这份报纸，但题词引文有误。这份报纸收集到后，已送中共上海市委保存，不供给中华书局保存。现将这份报纸的题词制版刊出，并订正。

（1959年3月4日《文汇报》）

古籍书店最近觅得元刻元印《辽史》

上海古籍书店最近收进元刻元印本《辽史》一部（内有明濮阳李廷相的藏书印章）。

这本书为现存《辽史》的最早刻本。它自镌刻到元亡，仅二十年左右。撰者脱脱成书不久，就被政敌鸩杀，元皇朝亦随之被农民起义军推翻。这本书流传稀少，清代乾隆时校刻二十四史，已经无法觅得元刻本《辽史》来校正。解放前商务印书馆影印百衲本二十四史，虽曾博访遍觅，仅得元刻明补版的《辽史》。这是元刻元印本《辽史》难得的明证。

元刻元印《辽史》与百衲本《辽史》略加校对后，已经发现百衲本数处舛误的地方。张元济先生在百衲本《辽史》跋文中说："此在元刻，诚非精本，然求较胜者，竟不可得。"现在古籍书店收进的这部《辽史》，应该说是"较胜者"了；所可惜的，该书第七十一卷至七十五卷（即列传一至五卷）已缺失，是经后人抄配的。

（1959 年 3 月 5 日《新民晚报》）

可贵的有心人

如果有人问：旧书店的业务是什么？恐怕大家都会笑他幼稚。既然叫旧书店，它的业务还跳得出"买进。卖出"这个圈子？买进，为售书者服务；卖出，为读者服务。如此而已。但是有这么两家书店，却结合自己的业务，做了很有意义的工作。

上海古籍书店和上海旧书店，去年年底曾陆续派出一批较有经验的工作人员，到全国各地去收购革命史料，效果很好。收购到不少珍贵的革命书刊和革命史料，其中有毛主席初期革命活动有关的两种书刊——《天问》周刊和《湖南自治运动史》。在《天问》周刊第二十三号上有毛主席写的《湖南人民的自决》一文。他们还搜集到 1941 年 1 月 18 日的重庆《新华日报》。这张报纸上有周恩来同志"为江南死国难者志哀"和"千古奇冤，江南一叶；同室操戈，相煎何急！"的题词。这张报纸过去很难找到。他们搜集效果之所以好，就在于他们是有心人，是有目的地去做搜集工作的。不是一般的"买进，卖出"，等客上门。

搜集革命书刊是一件艰巨的工作。在国民党统治时代，读革命书刊是犯"法"的，是要论"罪"的，保存革命书刊那就更不用说。有的革命书刊之所以能保存下来就是靠了当时的一些有心人，他们保存它，是冒了杀头坐监的危险的。这种有心人值得我们钦敬。但是更多的革命书刊和革命史料，却因种种原因散失了。这就需要我们现在的有心人去发现它，搜集它。这两家书店的同志，正是做了这样的有心人。

假如各个地区，各个有关部门，都注意这个问题，都来做有心人。我想，搜集革命文献的工作会做得更好，成绩将会更大。

（秦犁／文，1959 年 3 月 12 日《人民日报》）

《海陆丰苏维埃》 上海旧书店收进一本珍贵革命文献

上海旧书店最近收进一本珍贵的革命文献——《海陆丰苏维埃》。海陆丰位于广东东部濒海之区，是海丰与陆丰的合称。"四·一二"蒋介石叛变革命以后，党为了使革命进一步深入，号召农民秋收起义来回答国民党反动派的进攻。当时海陆丰在彭湃同志领导下，农民运动蓬勃开展，1927年11月1日，农民军即占领海丰，接着陆丰、碣石、捷胜也相继解放。18日在海丰召开工农代表大会，成立了工农政府——这就是中国革命历史上第一个苏维埃政权。海丰人民在度过一个幸福的新年以后，反革命倾全力分海陆两路向年轻的工农政府进攻，在力量悬殊的情况下，人民队伍被迫退入山地，海陆丰起义仅四个月就失败了。

这本《海陆丰苏维埃》就是在年轻的苏维埃政权最困难时期出版的，出书日期是1928年3月1日，这时候武装斗争激烈残酷，很多革命文物都被敌人摧残毁坏了，这本书能够出版而且能保存到现在就显得格外珍贵了。

这本具有历史意义的书，可惜没有印出著作人的姓名。

《海陆丰苏维埃》的装帧朴素简单，薄道林纸的封面上印《海陆丰苏维埃》六个木刻红字，现在留存的这本《海陆丰苏维埃》的封面上已染上不少水迹斑点，显示它不平凡的经历。书的内容共分十二章，详细地记述着各次武装暴动的起因、经过和工农政府成立后的各项社会改革，其中对 3 月 18 日在海丰召开的三天工农代表大会盛况记述颇详。并收录中共中央代表彭湃同志在会上所作政治报告全文，以及"没收土地案""改善工人生活案"等大会决议案多起。

现在，这本《海陆丰苏维埃》已送上海革命历史纪念馆筹备处收藏。

（刘华庭／文，1959 年 3 月 30 日《文汇报》）

黄浦区展开纪念"五四"活动 明起举办期刊展览 掀起"红旗读书"运动高潮

今年是"五四"运动四十周年，为了纪念这光辉的节日，黄浦区各有关部门目前正准备在区文化馆开展"五四"纪念活动。

5月1日开始，上海古旧书店将在黄浦区文化馆举办"五四"以来期刊展览会，汇集了二百种之多的旧期刊，如最早传播马克思主义的《新青年》《每周评论》；第一次国内革命战争时期的党刊《红旗》；抗日战争和解放战争时期的党刊《解放》《群众》；还有一些比较稀少的革命刊物如《觉悟》《人道》《军政杂志》《海陆丰苏维埃》等。

5月2日晚上，黄浦区团委在区文化馆举行一次将有六千人参加的盛大的"五四"纪念会，并配合"五四"的节日表演和电影放映。

5月5日开始，黄浦区团委将与区文化馆联合举办"革命传统教育周"，邀请了长期参加革命工作、领导和组织工人进行革命斗争、参加过"上海工人三次武装起义""五卅"运动的革命前辈周国祥、孙长胜、周良佐、朱英如等同志讲革命斗争故事。

在纪念"五四"活动基础上，黄浦区将掀起一个"红旗读书"运动高潮。

（1959 年 4 月 30 日《新民晚报》）

旧书店有"宝库" 本市唯一的古旧残本图书的吞吐港

　　这不是出版社，也不是图书馆，但是这里有些书，不是哪个出版社所能出版的，也不是哪个图书馆都有的。这里，是上海旧书店的残书栈房，旧书店的工作人员，称它旧书店的"宝库"。

　　真是个"宝库"。有许多书有许多杂志，只有上册没有下册，只有第一期没有第二期，看来只能当作废纸回炉，但只要送到"宝库"里去转一转，有的书就能配成套、装成部，成为有用之物。这就是"宝库"名称的由来。上海旧书店每天从本市及全国各地收进了成千上万册旧书，仅去年一年，就收进了七百多万册，这里有解放后出版的旧书，也有解放以前出版的旧书；有完整的丛书，也有残缺不全的期刊。处理这些书，把它供给需要的读者，工作是不简单的。

分散多年的古书破镜重圆

　　残书栈房是在去年七月才开始建立的，在一排排整齐而坚固的书架上，已储存着一百二十多万册古书、旧书以及报刊的残本。成为我国目前最大的古旧残本吞吐港。几个月来，"宝库"为保存祖国的文化遗产做了很多有价值的工作。许多不知分散了多少年的古书，在这里"破镜重圆"，终于又聚一起。

已配成全套的大部头古籍有《四部丛刊》(初、二、三编)、《四部备要》《丛书集成》《万有文库》《续藏经》《碛砂藏经》等；配全的木刻古本有《全唐文》《皇清经解》《通志堂经解》等，其他如《八年丛编》《宋人小说》、地方志等也配全不少。

管理工作做得好依次排列

"宝库"里的工作人员说："要把残书配成套是很不容易的。比方说有一部一百本的丛书，至少要有一千以上的残本才能配齐。尤其是革命刊物，因以前常遭破坏，或者出得不多，要配全更难。"事实确是如此，这个残书栈房从去年六月刚成立时，还空得很，现在已到处堆满了书。仅仅是期刊、报纸部分，现在已储存了一万余种晚清以来出版的期刊报纸。这些报刊，被工作人员管理得有条不紊，解放前出版的杂志全部以笔划为序，依次排列。从光绪卅年就出版的《东方杂志》前后经过四十四年，共出过七百四十二期，在这里也可以从头到尾的看到。此外像出过七百本的《国闻周报》也在这里配全过几套。

这个"宝库"最近还为上海革命历史纪念馆和上海图书馆以及本外埠其他团体单位整理供应了许多革命历史资料，受到不少单位来信的表扬。

（1959 年 4 月 3 日《新民晚报》）

变无用为有用

一个有文化的人，谁都爱惜书，谁也离不开书。不论古今中外。书籍被人们看作是社会的财富，文化发达的标识。

各种不同的书都有它不同的用处，进步的、观点正确的，可以直接丰富我们的知识，为阶级斗争为生产建设服务。但一些论点错误，甚至是反动的书，也可以作为参考资料。上海旧书店在收购旧书工作中，曾发生两种意见，有人主张只收进步的、有用的书，但也有人主张所有的书都收。最后，决定所有的书全收。

上海旧书店把许多收购进来残缺不全的书集中在一起，成立残书栈房，使流散的残本变成完本，使研究的人可以得到必要的参考资料把它变成有用之物，使它物尽其用，这是值得称颂的事情。

社会越文明，人们也越爱护书籍，在我们的国家里，不但新书天天增加，对古书、旧书也做到这样的爱护。翻遍《二十四史》，也不曾有过这样的时代吧！

（江山／文，1959 年 4 月 3 日《新民晚报》）

替旧书找读者　替读者找旧书

发生在旧书店里的事情

下面这些事情都发生在上海旧书店。这里先从书店门市部讲起：在上海旧书店里，经常有读者到书店去向营业员连声道谢，有的读者甚至从［进］书店到出书店，一直谢进谢出。不但本市读者如此，外埠的读者也是这样。一位汉口的读者，根据书店寄去的旧书发票上的签字，就给营业员寄来了长江大桥、黄鹤楼之类的图片；江西的读者把他心爱的纪念章也寄来了……去年，比利时著名木刻家麦绥莱勒在我国举行个人画展时，他托过许多中国朋友，跑了许多书店，想收集二十五年前由鲁迅先生介绍出版的自己的作品，没有找到。有一次，画家来到上海旧书店，书店替他找到了他需要的画册，他喜出望外，称谢不已。

专人找书对配书读者很方便

上海旧书店所以受到许多本市的、外埠的，甚至是国际友人的赞扬称谢，是由于他们千方百计替读者找到了需要的书。以前，如果要找一本需要的旧书，非得自己上各家旧书店去跑，且不说花费很多时间，最可恼的是经常落空。现在可方便极了。本市读者只要去旧书店登记一下，外埠的读者只须写封信。如果这本书刚好旧书店的书库里有，便立刻通知你去买；

如果一时书库里没有，在二个月内，书店会到各处替你设法，一般说来，极大部分的书都可以买到。这是上海古、旧书店工作人员提出来要"替读者找旧书，替旧书找读者"的有效办法之一。每天在书店里，有专人为四、五百个读者（节假日加倍）找寻旧书、古书。

浩如烟海书籍多得难以统计

替读者找到需要的书，不是一件简单的事。且不说读者的兴趣不一，就以书籍的类别来说。千百年来，出版过多少类的书，发行过多少种杂志，已无法统计。即使解放后出版的书，虽有总录可查，但有谁真能过目不忘，知道有没有这本书呢？寻配解放以前出的书，那就更难了，既没有总书目可查，又因为有些书是反动黄色的，总不能让这些诲淫诲盗的书再去贻害读者。这样一来，替读者找旧书这件事就难了。

旧书店还经常研究各方面的需要，主动为古旧书找对象。党提出西医学习中医时，书店就印发中医书目，分发各地医药研究单位，南京、重庆、大连、哈尔滨等十几个地区的中医学院就派人来沪选购，使他们获得许多久觅不得的祖国医学著述。又如去年旧书店第一次收进元皇庆勤有堂刊本《集千家注杜工部集》，此书为杜集全本，坊间也久未发现，经书店研究后，认为应该由成都杜甫草堂购置，就去信联系，刚巧杜甫草堂正缺此刊本。再如书店收到宋拓宋裱的"集王圣教序"帖，经不少专家鉴定，是北宋早期拓本，是祖国稀见的文物，就介绍给北京中国历史博物馆收藏。古旧书籍找到了需要的对象，也就发挥了更大的作用。

（1959 年 4 月 6 日《新民晚报》）

物尽其用　人尽其愿

新华书店、图书馆的职工，改变坐在家里，等客上门的老习惯，挑着书上山下乡，送书上门，既方便了读者，又锻炼了干部的群众观点。上海旧书店的职工"替旧书找读者，替读者找旧书"，在许多方面和新华书店、图书馆送书上门的意义一样。把书店成为读者身边的书店，为读者方便，这是书店职工服务质量的大跃进。

新出版的书固然好，但出版已久的旧书，有时也有很大的用处。放在库房里的书，找不到需要的人，等于没用；一个人找不到需要的书，也等于空想，二者都不是好事情。"替旧书找读者，替读者找旧书"，使物尽其用，人尽其愿，这样做，好得很。

批判了"厚古薄今"的思想，明确了"古为今用"的方针，"替旧书找读者，替读者找旧书"，使旧书为今人服务、为时代效劳，调动一切积极因素为社会主义建设服务，这样做，好得很。

旧书店的工作人员能这样想，这样做，读者在感谢他们；不会说话的古书和旧书，也在感谢他们。

（金立／文，1959年4月6日《新民晚报》）

旧书店里的新事

为人找书　为书找人

齐齐哈尔有这样一个爱好文艺的中学生：他为了想得到一张苏联作家肖洛霍夫的照片，甚至到了"梦寐以求"的地步，但是他到处寻求，还是找不到。最后他把这个迫切的愿望来信告诉了上海旧书店。可是又记不得这张照片究竟刊载在那一年那一期的苏联画报上，他只依稀记得："……他穿着西装，头发美丽地卷曲着，手里燃着一支香烟，安详地坐着。他的背景，是高高的书橱，上面排着一列列的精装书籍……"这不能不说是一个难题，可是旧书店里精通业务又热心服务的同志，很快地就从书库里给这位中学生找到了他所想要的肖洛霍夫照片的画报。这样的事情还多得很。当读者实现了那长久没有达到的愿望时，他们的高兴和感激的心情，是完全可以想象的。于是，有人从江西上饶水力发电工程局寄来了发电站落成的纪念章，有人从武汉寄来了长江大桥的图片，更多的人寄来了热情的表扬信、感谢信。因为旧书店的服务员替他们找到了迫切需要的学习材料、参考书籍，帮助他们解决了生产与科学研究中的难题。受到旧书店这种帮助的人，不但遍及全国，而且还有些国外的友人。例如，比利时著名木刻家麦绥莱勒在这里找到了渴求多年的廿五年前由鲁迅先生介绍出版的他的作品集；作家巴金在这里找到了苏联学者托他寻求的、解放前出版的新文学史研究参考书籍。

上面说的是"为读者找旧书"的故事，同样的在"为旧书找读者"的过程中，也发生过许多动人的故事。旧书店曾经收购到一份从1917年创刊号起到1950年3月止的《银行周报》一套，这份周报是研究我国近代财经史的重要资料之一。旧书店就去信与中国人民大学图书馆联系。结果，人民大学很需要这套资料，立即买了去。旧书店还收购到一部元皇庆勤有堂刻本《集千家注分类杜工部诗集》。这是一本坊间少见的珍本，大家认为让成都杜甫草堂收藏这部书最有意义。果然，杜甫草堂得到这部书，也是喜出望外。旧书店还收到藏书名家结一庐、粹芬阁、秦曼青、张国淦等所藏的许多珍贵古籍，其中有宋刻《艺文类聚》、元刻《绘图宝鉴》、明洪武本《元史略》和明抄本《皇宋事实类苑》等，这些珍贵古籍，现在都由旧书店推荐给上海图书馆、历史文献图书馆购存编目，为当前的学术研究起了"古为今用"的作用。

谁知旧书报　得来皆辛苦

也许有人会认为旧书店的工作不过买进卖出而已，谁知其间也有着许多不平凡的劳动。

为了充分满足全国各地学术研究机构和广大读者的需要。旧书店的许多采购人员，跋山涉水，风餐露宿。足迹遍于东北、云南、四川、陕西等全国各地，开辟"书源"。例如海内孤本《皇明宪章类编》，就是一位采购人员在浙江东阳偶然听到一个农妇提供的线索而找到的。为了到乡下去运书，他还挑着担走了近百里。采购员们在路上遇雨，常常把衣服脱下来遮书；遇水，就把书籍顶在头上过水。他们不分日夜地从贮有废旧书报的箱笼麻袋里抢救有用的古旧书籍和革命文物。有一本封面用《艺术论》伪装的、一九二九年六月出版的由陈绍禹同志署名、韶玉编辑的《武装暴动》，就是采购员在福建一个小爆竹铺里翻检了十三麻袋才找到的一本珍贵的革命史料。

上海旧书店里有一个被称为"宝库"的残书库房。人们在这里可以看到以百万计的古今中外残本书籍和期刊。"宝库"里的工作人员成年累月地在做补配书刊的工作，他们的劳动给无数爱书者带来了喜悦。有一位爱好文艺的读者，他收集了整套的《文艺报》，可是就只缺少其中一期，他不知跑了多少书店，总是买不到，结果他给旧书店来了一封"告援"的信，马上就解决了。有许多作家想要寻找个人早年的作品，也往往在"百索不得"的情况下，一进旧书店大门，就了了多年的心愿。难怪复兴岛一个姓金的读者收到书店的取书通知时，会说："真像盼到了天上的星星掉下来一样地高兴。"

还有这样"无巧不成书"的故事：旧书店从一个卖主那里买到了一部《花影集》，就缺首集；不久又从另一个卖主那里买到了原缺的这一集。有的书不知散失了多少年，辗转易过了几次主人，但在这里终于又"破镜重圆"了。这个"宝库"，建立到现在还不到一年，可是已经配齐了无法统计的成套书刊。其中有每部以数千册计的大丛书，如《四部丛刊》《万有文库》；也有从清末到现代的各种期刊，如前后共出版了三百三十三期的《教育杂志》、前后共出版二百零四期的《妇女杂志》等等。说一句毫不虚夸的话，每天这里都有多少不等的残书进来，成套出去。最近几天里，单每部二千多册的《万有文库》(初编)就配齐了七八套，有的已经装箱打包运往需用的文教单位去了。

搜集革命文献　足迹遍及全国

上海旧书店最近又派出了八路大军，分赴全国各地，特别是江西、福建、陕北等革命老根据地去采集革命文献。从去年十月以来，他们供应给上海革命历史纪念馆的革命史料不下一千余种。其中有极为珍贵的刊有毛主席早期著作的《天问》周刊；一九二七年广东海陆丰苏维埃政权成立后不久出版的《海陆丰苏维埃》；皖南事变时期、有周恩来同志题词的《新华日报》等等。为了不使珍贵的革命文献湮没散失，旧书店的工作人员除了到革命根据地去觅宝以外，他们还组织人力到本市街道里弄去宣传收购，甚至遍阅解放前的电话簿、行名录等，从中发现线索，追踪寻访。例如长宁区有一位大姐听了宣传以后，就将自家所藏的毛主席早期照片献了出来；上海师范学院有个学生出让了过去冒险保存多年的交大、同济学生运动的小册子、传单，而且还准备动员他的朋友也献出所藏革命文物。

为了发掘民间深藏的革命文献，旧书店的采购员立下了雄心大志。他们表示：上天入地，也要把采集革命文献的工作做好。

（谷苇／文，1959 年 5 月 8 日《解放日报》）

鹭岛上的革命洪流　介绍本市革命史料
——《鹭涛》创刊号

　　1933 年冬到 1934 年初的时期，日本帝国主义继夺占了我东北地区后，又正在加紧对夺取我福建的野心，同时更加上国民党反动派的投降政策，无耻地想将福建象东北一样地出卖给日本；这时的福建已是处在极紧张和危险的时候了。当时，党为了领导人民向敌人斗争，就发行了以资引导人民对敌斗争的意志和方向的革命书刊。《鹭涛》旬刊创刊号就是在这个危难的时候，在党的领导下所发行的。

　　它出版的具体时间是 1934 年 3 月 10 日。在它的发刊宣言中庄严和明确地提出了政治路线和反帝反封建的阶级斗争的宗旨。宣言一开头就指出人民所处的时代背景"帝国主义和国内统治阶级把我们蹂躏在足下……我们是被蹂躏到最后一息了"，为了不受统治阶级强盗们长期的奴役、鞭笞与榨取，宣言号召人民要去争取自由。宣言中说"自由不是人家赋与的，而是自己取得的，没有自己的政权，同时不能起来为夺取政权而斗争，所谓自由，所谓出路，全都是梦想，全都是空话！"创刊号还刊载了三篇主要文章，在署"勉"的《目前反帝的几个中心任务》的一文中，强烈的揭露了国民党反动派那种效忠和投降帝国主义的丑恶面目和日本帝国主义对福建侵略夺取的野心。文章中并且肯定了党在击败蒋介石的所谓第五次"围剿"

后，革命的浪潮虽处在白色恐怖下，并不是很险恶的关头而是处在着一个急剧转变的时代。最后文章中指出了反帝、反国民党与反法西斯，拥护苏联和反帝与日常群众斗争等一系列与当时形势不可分离的具体任务。另外一篇无署名的《最近国际政治的动向》的一文中揭露和分析了帝国主义不可挽救自身的经济危机而只得加紧的发起侵略战争，以及叙述了帝国主义内部的自相矛盾和国内阶级斗争的尖锐化。最后一篇署名"程歪"的《检讨南京政府的所谓土地政策》的一文中有力地分析和驳斥了蒋介石以保护地主阶级利益为出发点的反动政策。

《鹭涛》旬刊创刊号系三十二开本，全书共十六页，封面是一帧渔民驾着一只小舟乘着革命的浪涛前进着的木刻画。本书没有出版者，仅有印着"厦门大学钟群转"的通讯处，并附有"编后"。这本小册子对研究当时革命形势和我党是怎样领导反帝反国民党斗争是很有价值的。

据了解这份珍贵的革命史料市革命博物馆尚无收藏，幸喜在新华书店古旧书门市部收购古旧书刊时被发现了，这份珍贵小册子将转交革命博物馆收藏。

（陈玉堂、解一／文，1959 年 5 月 10 日《厦门日报》）

血的记录

——介绍"五卅"史料《血潮图画增刊》

我们从厦门新华书店古旧书门市部收购的一本旧杂志中找出一份"五卅"时上海反帝运动的珍贵史料——《血潮图画增刊》。

1925 年 5 月 30 日，上海工人和学生为抗议日本纱厂枪杀共产党员顾正红等罢工的工人，举行了示威游行，遭到了英国帝国主义巡捕的残酷屠杀，酿成了震动全世界的"五卅"惨案。党为了领导全市人民反抗帝国主义的暴行，在 6 月 1 日举行了罢工、罢课、罢市的"三罢"运动，并且在刘少奇、瞿秋白、蔡和森等同志的领导下成立了上海反帝运动的最高领导机关——上海工商学联合会来领导反帝斗争。于此同时后的两天，又相继发行了几种配合反帝、反军阀的报纸。这些报纸有瞿秋白同志主编的《血潮日报》"上海学术团体对外联合会"主办的、沈雁冰、郑振铎等同志负责编辑的《公理日报》"上海学生联合会"编印的《热血日刊》等数种。

《血潮图画增刊》是《血潮日刊》的增刊，采用四开道林纸印行的，它主要刊载了"五卅"时被英国帝国主义巡捕屠杀的工人、学生的惨状和帝国主义的武装西兵、"纳税西人会"、"万国商团"等屠杀工人、学生的武装行列的照片图。另外还刊登了一大幅的上海各学校、工会等百余团体三万人于 6 月 3

日举行了为惨案提出要求和致电全世界人民的"六三"纪念大会等的照片。《增刊》为了深入和广泛地在人民中起到宣传反帝的作用，特刊印了一小方块的"注意请阅过转送他人"的文字。

从《增刊》的图中，使我们清楚地看出当时英国帝国主义勾结国内反动派对我爱国人民的屠杀经过和血腥罪证。同时也可看出全市人民在党的领导下，反对帝国主义的愤怒情绪和坚强斗志。《增刊》中"罢市时之招贴"照片中的墙上贴的"反对无理暴行""援助学生工人大众一心坚持"激动人心的标语和口号就是一个例证。尽管敌人的残酷暴行，尽管被难的烈士一个又一个地没有完成他们的革命事业而光荣地牺牲倒下了。但是我们有更多的革命战士挺身出来了。"五卅"后终于掀起了广州、香港等全国各地的大规模反帝运动，终于以鲜红的热血汇成了大革命的浪潮。

（陈玉堂/文，1959 年 5 月 29 日《厦门日报》）

上海古旧书店杂记

这是一个大得惊人的古旧书籍仓库，经常约有二百多万册书籍在那儿进进出出；在一个上午可能有成千上万册书籍分批"住"进这个"客栈"，说不定就在当天下午，突然又有更大数字的书籍向"客栈"告别。

古旧书籍旅行的中途站

仆仆风尘的古旧书籍来去匆匆，究竟它们投奔到哪儿去呢？这是人们很感兴趣的一个问题。

首先，上海福州路的古籍书店和上海旧书店，就是它们挺高兴落脚的一个中途站。

书，虽然是些旧书，然而，营业员对于它们却看得非常宝贵。因为在古旧书籍中，常常会发现稀世珍本和革命历史文献。

对于古旧书籍，必须有一个交待：所谓古旧书是"古籍"和"旧书"的简称。分开来说，古籍绝大多数是线装的木刻本和手抄本，以及部分"新印古书"（洋装本）。旧书，是指"五四"前后和解放前以及解放以来的被人读过又卖出来的书。

替古旧书籍做媒人

古籍和旧书分别设有收购处和门市部。古旧书经过收购处存入仓库，再调度到门市部。平时，古旧书店并不是静悄悄地在那儿等书上门和候客上门。他们一年四季总是千方百计的为读者找书，为书找读者。

为读者找书可不简单，有时在门市收购不到的冷僻书，收购员必须深入藏书人家去收购，让藏书主人乐意将闲置的书通过书店卖给急于需要那一书作参考的机关、团体或个人。

提起收购员，就得谈一谈他们的业务本领。他们必须熟悉藏家和读者，懂得版本，正确掌握古旧书价格政策，才能为读者服务得好。

上海古旧书店，这几年来，业务开展得很好，替古旧书籍做媒人，使得全国各地的专业图书馆和机关、部队、团体、学校、学术研究单位买到了不少重要的参考书籍。因此，受到了很多读者的书面表扬。

深而广的收购工作

上海古旧书店除了在福州路等设有收购处外，还设有临时收购站和流动收购站。流动收购站经常到复旦、交大、华东师大、军医大学等处进行收购工作，深受师生们的欢迎。

收购部门把收购工作，是当作发掘古籍、保护文物的政治工作来做的。例如 1958 年爱国卫生大扫除时，住在上海人民路的华君，预备论斤两将明版《诚意伯集》《四声猿》《圭峰文集》当作废纸卖掉。这件事被古籍书店知道了，马上前往抢救，以一百四十五元收购回来。售者既未受到损失，收购者也做了一件保存古籍的好事。

最近上海古旧书店还派了收购人员分成八条路线到西南、西北、华北、东北各地进行收购。访问各地藏家寻访珍贵版本。他们有次在南通深入收购就得到了有很大参考价值的许多部藏经。在外埠开发货源的好处是面广、品种多。

平时，收购部门开动脑筋，派员到处探索，锲入每一个角落里去搜罗书籍。例如到出版社去挑选多余样本，到印刷所的装订房去物色过期期刊的装订本，或装订的次品等等。

总之，收购人员，越过纸山书海，挖掘、收购古旧书籍，发挥了古旧书籍为社会主义文化事业服务的积极作用。

移山的精神

古旧书店还十分重视革命历史文献的搜集工作，在这一方面，他们的工作卓有成效。最近古旧书店又收购到不少的革命历史文献，其中有大革命以来中共上海地下组织领导出版的期刊杂志，以及上海工会联合会散发的反帝标语和反帝宣言。这些珍贵的书刊，都要送到上海革命历史纪念馆等有关部门去陈列。

上海古旧书店以福州路为中心建立了很多个书籍仓库，最大的一个是在福州路菜场的楼上。仓库里面特制的高大书架，望之如群峰耸立，身临其间，浏览群书，就像在山沟里行走一样。

这个仓库里在不久还出现了一个奇迹：古旧书店在3月

28 日接到了内蒙古呼和浩特新华书店的急电，要求能够替他们运去一部《万有文库》，期限只有三天。这对古旧书店不能不说是一个过急的要求。并不是店里没有《万有文库》，而是书库中的《万有文库》太多了——堆积如山，来不及整理。如果要从这样大的书山之中整理出一部《万有文库》来，是需要相当长的时间的。因此，有人觉得要在三天之内交卷，实在没有什么把握。党支书和大家商量后，决定鼓足干劲，突击一下，争取限期完成。

在 3 月 29 日的上午八时，古旧书店的六十多位突击手，走上了攻坚——书山堡垒——的战场，一鼓作气战斗下去。到了下午六时，总结战果，真是喜出望外。竟然有七部完完整整的《万有文库》出现在人们眼前。

这一突击战斗，干得很出色。古旧书店总结经验认为这一仗给今后整理大部头的书籍，打下了基础。事实上确实也是如此。

（戈今 / 文，1959 年 5 月 14 日《文汇报》）

珍贵的"八一"文件　旧书店在回收废书中发现当年"八一"报纸

　　上海旧书店在本市回收废纸运动中，从废书堆里拣出两张反映伟大历史事件的报纸——1927 年 8 月 1 日的南昌《民国日报》，8 月 3 日的《江西工商报》。

　　这两张报纸，是在"八一"起义胜利后在南昌出版的。它直接和真实地反映了我国革命历史上值得大书特书的伟大事件——"八一"起义后的头三天盛况。

　　8 月 1 日的南昌《民国日报》第一版上，刊登了"中央委员宣言"，痛斥国民党反动派的无耻行为，提出了打倒帝国主义、打倒新军阀、拥护联俄联共扶助农工三大政策等七项主张，署名者有毛泽东、宋庆龄、吴玉章、恽代英等二十余人。这天在省政府成立了革命委员会，会上还通过了重要的"八一宣言""八一宣传大纲""土地革命宣传大纲"，这些文件据说都公布在 8 月 2 日的南昌《民国日报》上。可惜这份报纸没有发现。为了庆祝武装起义的胜利和革命委员会的成立，8 月 2 日在南昌皇殿侧体育场举行了五万人的群众大会。这次发现的 8 月 3 日的《江西工商报》上对此有较细的报道。这天报上还刊登了"告第一方面军同志书和革命委员会委员就职盛典记"的特写。

（刘华庭 / 文，1959 年 8 月 1 日《新民晚报》）

上海新近收到大批古旧书 其中有《二七工仇》等珍贵革命斗争史料

上海古旧书店去西南、西北、华北、东北等地收购古旧书的十八个采购人员，最近带着丰收的喜悦分别回来了。在三个多月的时间里，他们跑了二十个省市、一百四十多个县市，收到古旧书十四万七千余册。

这次收购到的古旧书中，如《二七工仇》《全民抗战》《向导》、瞿秋白等编译的《社会科学讲义》《社会科学研究初步》和军政杂志《八路军》等都是比较珍贵的革命斗争史料。

《二七工仇》是关于京汉铁路工人的斗争史料。这本书过去还未发见过，里面详细地记载了当时罢工前后的经过情况，是一本揭露军阀血腥屠杀工人的控诉书。本书用廿二开张印行，封面是一帧庄严扑素、黑底红字的"二七工仇"的圆形图案，下端印有惨案发生的年月。书的前几项刊登了当时被难烈士林祥谦、施洋等同志的遗像，还有主犯吴佩孚、肖耀南的半身像和罪魁简历。"二七惨杀事件之报告"详细叙述了京汉铁路总工会成立，激战始末，吴、肖屠杀，惨杀后武汉现象，惨杀后的呼号与援助以及议员提案等情况。在这一部分还刊载了施洋夫人郭继烈为夫鸣冤、告同胞书和向国会请愿书的全文。书的后一部分是"京汉路长辛店及各站鏖战情形"的补遗，有北京、上海等各地学生会和工会声援、抗议的电文，有全国各地游行、开会追悼烈士的报道。"工友死亡表"是当时死难烈士的详细名单。《二七工仇》正文前盖有"湖北工团联合会、京汉铁路总工会联合办事处"的朱色印章。《社会科学讲义》是社会科学会编辑，1927年由汉口长江书店出版的，全套四本，里面有瞿秋白编的《现代社会学》《社会哲学概论》《社会进化史》。

古籍方面有明万历的《郭襄靖公遗集》，是有关明代中季后（嘉靖、隆庆、万历）各朝的东南边疆及云贵少数民族的资料；隆庆元年的《江西乡试录序》、隆庆二年《会试录序》和《进士登科录》也都是可贵的历史资料。

（朱笛、玉堂／文，1959年8月2日《文汇报》）

上海旧书店收到罕见佳本　蝉翼拓《黄庭经》

最近上海旧书店收到一本值得珍视的宋拓王羲之书《黄庭经》小楷帖。此册为四明蔡氏壁玉壶旧藏，帖后有明代著名书法家文嘉（文征明的儿子）、周天球、董其昌、陈继儒、王阁等人长言累跋，尚有宁波状元杨泰亨题记，推崇备至，确是一种罕见的佳本。

《黄庭经》也名《换鹅经》，是传世王书小楷帖中最著名的一种。此帖传刻种类极多，有肥本、瘦本，七字句本、八字句本之分，各有住处，此册为七字肥本，用薄纸作淡墨拓，纸色金黄，即古人所谓蝉翼拓（蝉翼拓是宋朝一种较精的拓帖方法，即是用淡墨层层擦拓，字清晰而墨色却清淡见底，特别雅致，极似知了的羽翼），字划浑朴雅健，远在近世所见诸本之上。

《黄庭经》怎么又名《换鹅经》呢？相传王羲之有一次出游，看见某道士所养的群鹅，王羲之爱鹅成性，当时就欲议价购买。道士说："欲得先生之书已久，然终不能如愿，今先生若能为余书《黄庭经》一册，当以群鹅相报。"当时王羲之也不推辞，即索纸墨援笔立书，书罢引群鹅而归。古今引为佳话。诗人李白曾有"山阴道士如相见，应与黄庭换白鹅"之句，后世遂以《黄庭经》为《换鹅经》。

（1959 年 8 月 12 日《新民晚报》）

八路军出版的珍贵刊物 《八路军军政杂志》创刊号 上海旧书店在外地收购到

最近，上海旧书店在赴外地收购中，收购到一本八路军政治部在抗日战争初期出版的珍贵刊物——《八路军军政杂志》（创刊号）。

打开杂志的第一页，是毛主席为该刊所题的字："停止敌人的进攻，准备我们的反攻！"翻过目录，我们又看见毛主席亲自为该刊所写的发刊词，可以想见，党中央和毛主席对于这本杂志，是十分重视的。

《八路军军政杂志》创刊于 1939 年 1 月 15 日。那时，抗日战争爆发后，形成了抗日的民族统一战线。由陕北的主力红军改编的八路军和长江南北各地的红色游击队改编的新四军，取得了抗战以来巨大的胜利，建立与扩大了抗日根据地和解放区。抗日战争已由战略防御阶段转入相持的阶段。毛主席的题字，明显地指明了抗日战争从防御转入相持的新阶段这一特点。

杂志内容丰富而广泛，包括研究军事政治的论文、战争通讯、国外军事政治工作论著的翻译，以及通俗的供战士阅读的诗歌、小品等。还有其他论著、翻译、通讯等多篇。

（1959 年 9 月 9 日《新民晚报》）

上海旧书店增设期刊门市部

为了更好地配合社会主义文化建设，加强旧期刊和报纸的供应工作。上海旧书店特在本市福州路三三八号增设了一个期刊门市部，专业供应各类旧期刊和报纸。定于今天（廿一日）正式开始对外营业。

该店门市部经过最近一个时期的积极准备，搜集整理了解放前和解放后全国各地出版的社会科学、文化教育、历史地理、科学技术等各类期刊、报纸数千种，而且有一部分期刊是从创刊号起连续多年甚至终刊号止。该店为了充分发挥各种期刊、报纸的作用，特将晚清以来至全国解放前出版的部分稀少的资料性较强的采取内部凭证供应的办法，供应给最需要的单位。为了更好地服务读者，该店还办理各种期刊报纸的配套补缺工作。

（1959 年 9 月 21 日《新民晚报》）

旧书店最近收购到珍贵的革命文物 《中国工人》第八期 人民出版社已经出版影印本

　　最近，上海旧书店收购到一本珍贵的中华全国总工会在第二次国内革命战争初期在上海出版的《中国工人》第八期。出版日期是 1929 年 5 月 15 日。为了避免国民党反动派的追查和破坏，封面采用了伪装的形式，印了"爱的丛书"四个字。

　　《中国工人》是中华全国总工会在党的领导下用来指导全国工人运动的机关刊物。它刊载党和全总关于工人运动的各项政策、决议、报告和评论，大量登载全国各地及世界各国职工的劳动、生活和工运状况，并揭露帝国主义和资本家对工人阶级的残酷剥削和压迫。第八期《中国工人》出版时，正值全总第二次扩大会议召开之后。因此，它成了该次会议的特刊，以大部分的篇幅刊载了会议的报告、文件和决议。同时也因此更增加了这期刊物的价值。

　　刊物的第一篇文章"中华全国总工会第二次扩大会议"首先对会议情况作了简要的介绍。接下来是苏兆征等同志在会上所作的三个报告："过去一年来职工运动发展的形势和目前的总任务""出席赤色职工国际代表报告""出席太平洋劳动会议秘书处第三次会议报告"。刊物还登载了"中国职工运动目前的总任务""铁路工人运动决议案"等数项扩大会议决议案，并登载了"五一节纪念宣言"等文章数篇。

第八期《中国工人》保存了中华全国总工会第二次扩大会议的各项重要文件，对了解与研究当时职工运动有重大价值，人民出版社已经出版了这一刊物的影印本。

（吕庆书 / 文，1959 年 11 月 13 日《新民晚报》）

上海古籍书店　购得结一庐藏书　有许多稀少的珍本和罕见的抄本

上海古籍书店最近收购到结一庐藏书一批，共一〇一种，里面很多是流传稀少的珍本古籍和罕见的抄本。如宋刻本《艺文类聚》，明洪武本《元史略》、淡生堂抄本《养蒙文集》和《南阳集》，汲古阁毛晋影宋刻本《极玄集》，吕无党精写本《九灵山房集》，明抄本《皇宋事实类苑》，影宋抄本《拙斋文集》，以及经黄荛圃题跋的《张来仪文集》等。此外如《太常中兴礼书》和明洪武本《元史》也都是少见的，《太常中兴礼书》是从《永乐大典》中辑出的，此书的刻本尚未见过；《元史》虽然与商务版"百衲本二十四史"根据影印的版本相同，但结一庐收藏的印得较早，版面清晰完整。

结一庐主人名朱澂，浙江杭州人，清咸同间以藏书著称。《观古堂书目丛刻》中收有《结一庐书目》，叶德辉作序，内有"兵燹所残剩者北则归于聊城杨氏海源阁，南则归于侍郎结一庐……"等语。结一庐朱氏藏书后归其婿张佩纶，于民国初年颇多散失。

（1959 年 11 月 19 日《新民晚报》）

古书红运

　　你喜欢跑跑书店吗？你对古旧书有一种特殊的癖好吗？如果是，你一定会在工作余暇的时候，满有兴致地到上海古籍书店转一转。这里真是古书的海洋！你会看到，堆满书架上的，排在书橱里的，暂时放在墙角落地板上的……经史子集、传奇小说、新旧版本、碑帖拓片，密密匝匝，总共不下四百多万册。如果你想物色宋版、明版、孤本、珍本、异本、秘本。这里的工作人员会如数家珍一样，向你们介绍一大串。

　　你会奇怪；这许多珍贵的古籍，是怎么搜集来的呢？告诉你，这可要感谢书店的采购员了。他们，跋山涉水，万里奔波，一发现书的踪迹就追下去，买到了书，肩挑手携，不辞劳苦。挽起裤脚管过河，就把书顶在头上；路上遇雨，就脱下衣服来遮书。这样，有的人在一家废品收购站里发现了几本《续藏经》，高兴得像发现了矿苗一样，断定那附近农民家里一定有"矿"。挨家挨户去探问，结果把七百五十一本《续藏经》搜集齐全。有的人根据社员提供的线索，找到了海内孤本《皇明宪章类编》；有的人从一家小小的鞭炮铺里，翻检了十三个麻袋，找到了一本珍贵的革命史料。你看，几年来，他们的收获是多么丰硕：单孤本、珍本就搜集了两千多种，其中有宋刻的唐人欧阳询编的《艺文类聚》，有记载元朝以前绘图艺术的元刻《图绘宝鉴》，有记录宋朝医药经验的《大观本草》，有探讨我国木刻艺术最早的一本书《程氏墨苑》。有明刻的关于浙江沿海平倭纪事的《督抚奏疏》，有明刻的民间文学《挂枝儿》……翻阅一下这些古书，真会使你心花怒放，爱不释手。是呵！这里有的是我们祖先智慧的结晶。这是我们民族的骄傲！

从前，我读鲁迅先生的《从百草园到三味书屋》《阿长与山海经》两篇文章的时候，就为鲁迅先生小时候那种爱书的态度所感动。他是那么想弄一部绘图的《山海经》。他太想念了，连阿长也探问他《山海经》是怎么一回事 。阿长告假回家，回来就把一包书递给鲁迅："哥儿，有画儿的，《山海经》，我给你买来了！"照鲁迅先生的说法，这一下，他对她（阿长）"发生新的敬意了"，感到"她确有伟大的神力"。这绘图的山海经，是鲁迅先生最早得到的"最心爱的宝书"，这以后，他"就更加有劲的搜集起绘画的书来"。那时候，搜集古书可真不容易。所以鲁迅先生有一个时期只好转转冷摊古肆。然后抄呀辑呀，耗去不少精力。我所以提到这些，是想说明在那个时代，那么爱书的鲁迅先生搜集点书也煞费手脚。阿长买到了《山海经》，就被认为"确有伟大的神力"，其实今天作为全国最大的古籍书店——上海古籍书店的"伟大神力"，不知比阿长的神力要超出多少万倍！西北大学来信要买一部《道藏》，作为研究古代政治、哲学之用。书店里没有，就马上派人到处采购，从湖州的一座山庙里搜集到一部寄去。福州医务工作者要买一部《白喉全生集》，书店也立即派人采购，从接到来信到采购，不出两天就把书寄往福州。这才是社会主义制度下古籍书店所发挥的伟大神力。

这里谈的是替读者找书的例子。在大跃进中，书店营业员发挥更大的革命干劲，又提出替书找读者的口号，进一步提高服务质量。

不久以前。书店收到一部《集千家注杜工部集》，这是坊间久未发现的版本。书店方面认为成都杜甫草堂收藏这部书最有意义。就去信询问。果然那里正缺少这个刊本，来信对于这一意外收获表示高兴。在党提出西医学习中医的号召时，书店就把祖国医学著述《明刊药方》《证类本草》《兰台秘藏》《太素脉诀体仁汇编》等一千余册，介绍给各地医学研究所和医疗单位。受到他们来信感谢。

书和读者遇合了。读者找到书，是如获至宝，眼前会豁然开朗；书找到读者，是英雄有用武之地，书页上也会闪闪发光。在古为今用的原则下，古书也为社会主义建设服务，受到今天读者的新的评价。应该说，古书也走了红运。如果你是一个学术工作者，这种感受，我想你是更为熟悉的。

你爱书，解放前书的命运，我想你也是熟悉的。这件事你可知道：清朝末年，日本帝国主义勾结中国官吏，把湖州陆心源的几百箱藏书全部劫走，藏书内单宋版就有几百部。这件事曾轰动一时。人们对祖国文物的散失、流落感到震惊。一些读书人抱着维护祖国文物的心情，开始搜集古书。上海的古书店也相应地多起来。原来上海只有扫叶山房、校经山房两家。这时，博古斋、汉文渊、来青阁、积学、富晋等古书店相继成立。别看当时出现了这么几个古书营业处。可是，几张摇摇欲堕的小舢板，怎敌得住四无涯际的滚滚浊浪？到了国民党统治时代，古书的命运，更走上了下坡路。郑振铎先生就是眼看着"古书流出海外。大抵是辇之（运往）美（国）日（本）为主"，害得他"中夜彷徨，每不知涕之何从"。因而锐意搜集古书，企图把祖国文物从劫灰中抢救出来。想想那时候是什么世界："八一三"淞沪战役。日本炮火滥轰上海，东方图书馆、商务印书馆多少藏书一旦之间都化为灰烬；之后，国民党反动派带头把大批珍贵古籍劫往美国。对祖国文物横加摧残。剩下的几个藏书家，又大半是暴发户，买书只是装潢客厅罢了。书商更是唯利是图。把明版染黄冒充宋版，把残缺本的目录挖去冒充全书。全国乌烟瘴气，使古旧书沦于千古未有之浩劫。

在那个时候，越对古书的命运感到痛心的人，到今天，对党和政府的重视祖国文化遗产，越抱着说不尽的感激。你看，古书的沧桑，不是也反映了祖国今昔变化的一个侧面吗？

当你挟着一包新购的古书，走出古籍书店的时候，你的喜悦往往是掩藏不住的，当时你可能想：这部书我早就想弄一部，可是从前不容易买，想不到来这里一问，书就捧到手上了。或者你还可能想：我家里有这部书，可惜缺半部。来到这里的配书栈房一补齐，书就破镜重圆了。这时候你穿过马路，脸上流露着微笑，说不定你会来不及赶到家，就要把书打开瞧它一眼呢。

（余仙藻 / 文，1959 年 12 月 18 日《文汇报》）

上海旧书店在外地发现　第二次国内革命战争时期的珍贵文物

　　上海旧书店在收集革命史料以及一般古旧书的同时，也经常收到一些其他历史文物，如太平天国时期的地契，现代作家的书信、墨迹，以及各类档案、文件、传单、宣传品等。最近又在外地收到第二次国内革命战争时期的革命文物多件，其中有中华苏维埃共和国的借谷票二张，中华苏维埃共和国经济建设公债三张，中华苏维埃共和国国家银行纸币七张，中华苏维埃共和国铜币一枚。

　　这些借谷票、公债券、纸币和铜币是中央苏区珍贵的革命文物，也是我国人民革命斗争的真实资料。它在过去对敌斗争中，冲破敌人经济封锁，支持革命斗争，巩固苏维埃政权等方面，曾经起了极大作用；它为研究革命史和经济史等方面提供了重要史料。

（刘华庭 / 文，1960 年 2 月 23 日《新民晚报》）

1973 年
至
1976 年

困扰时期

1973 年至 1976 年，困扰时期的旧事记叙

◆ 汪耀华

　　1966 年，"无产阶级文化大革命"爆发，上海古旧书店作为一个缩影，也经历了造反、夺权、批斗、下台、上台等演练，在书店行业也算是很热闹的。经营的古旧书也受到政治斗争的影响一度停业并长期亏损，但因为有着门店、仓库和古旧书刊，只要员工们的气顺了、平静了，总还是能做事的。

　　从 1966 年至 1972 年的经历，现在也不便多说了。

　　1967 年 4 月，上海古旧书店改名上海书店，12 月划归上海新华书店。1968 年，上海书店原有古籍、旧书、期刊三个门市部合并为一个门市部（福州路 401 号），经营新书及少量旧科技书。1973 年 3 月，古籍书店在原址恢复营业。

　　上海新华书店的历史，可追溯自 1949 年 9 月 1 日由华东新华书店总店组建的新华书店上海分店，1958 年 9 月 1 日上海分店与新华书店上海发行所（1954 年 8 月 1 日成立，当时属"央企"）合并成立上海新华书店。无论是先期划归

的中国图书发行公司上海分公司（上海科技书店，后来改称中国科技图书公司）、自己养育的上海音乐书店（后来改为上海音乐图书公司），还是后来归入的上海书店、外文书店，等到气候环境稍有变化，便都纷纷寻求直属上海市出版局并先后脱离新华书店的领导，也都把书店改为公司了。在当时，"直属"后的书店领导级别一般由正科转为副处级，处事的权限也更大。后来"造大船"，科技、音乐书店被纳入上海新华传媒股份有限公司后消失了。因为市政动迁，也因为没有坚守、升级或择地重建。上海书店（上海图书公司）、外文书店（上海外文图书公司）则归入了世纪出版集团，虽然也曾拓展门店，增设新店，而今也只驻守在福州路上了。

偶尔翻阅过往的那些旧史，其实也是有些趣味的。

1973年3月3日，上海书店革命委员会就福州路401—415号门市部建设人防工程向上海人民出版社（那时，上海人民出版社如同后来的上海市出版局，各个出版社也都改为编辑室了）后勤组主送了一份专题报告，抄送给了上海新华书店后勤组、黄浦区人防办公室、广东路街道人防指挥部：

　　我店福州路401—415号门市部经与广东路街道人防指挥部取得联系，现经研究决定，待西隔壁红旗招待所的人防工程即将结束时，我店开始动工衔接，估计今年六月份开挖。最近又经会同黄浦区人防办公室参考了原房屋建筑基础图案资料,研究决定共挖110平方米,其中掩体54平方米,通道56平方米。

今将该图案资料复制后随函附上,请参阅。

关于水泥及钢材等材料,除地面恢复计划已报请你处列入1973年度的计划中外,另需人防建筑材料计划如下:

400号水泥30吨,500号水泥5吨,石子140吨,钢筋3吨,黄沙120吨,砖头2000块(八五七)。

以上材料约计人民币7500元左右,但不包括恢复营业需其他木板、工具,租赁等费用在内。

是否妥当请予批复。

1973年3月14日,上海人民出版社后勤组的意见下达:

上海书店于今年在福州路401—415号门市部构筑防空掩体和通道110平方米。经研究可予同意。请市店正式批复该店执行。其经费应按照使用面积每平方米不超过七十元的幅度开支,并由市店调拨。其建筑方案和所需材料,应由上海书店报经所在区防办审定和解决,然后方可有计划地组织施工。在施工中,要加强组织领导,切实注意安全,讲究工程质量。

3 月 26 日，上海新华书店向上海书店发出同意上海书店福州路 401—415 号门市部进行人防工程的指示：

> 你店关于福州路 401—415 号门市部构筑防空工事 110 平方米（其中掩体 54 平方米、通道 56 平方米）的来文，经市店"三结合"连部研究后已报上海人民出版社批准。
>
> 此项工程的经费按使用面积每平方公尺不超过 70 元开支。由市店拨给你店人民币 7700 元。至于地面修复及其他附属费用可在你店修理费中支付，但应以节约为原则。有关人防工程的方案和所需各项建筑材料，希你店报黄浦区人防办公室审定和落实，然后按计划进行施工。在施工中，应加强组织领导，切实注意安全，保质保量实施这一任务。

福州路 401—411 号为上海书店，413—415 号为上海书店收购处。隔壁的红旗招待所，即现在的吴宫大酒店。当时，400 号水泥每吨 46 元、钢筋每吨 500 元、石子每吨 14 元、黄沙每吨 12.5 元、砖头每块 0.032 元。严格地说，上海书店当初主送上海人民出版社后勤组的这份报告，似有越级之嫌。不主送直接上级的上海新华书店，不知是否顺序有误。那时的上海人民出版社也称"团部"，市店为

"连部"。

掩体，分为军事和民用两种。当时全民动员、全城开工的主要是民用掩体，用于战时临时避险的掩护场所。福州路上的人防工程由商家各自使用的掩体和全路打通的地下通道两部分构成。当时是市、区、街道人防工程领导小组或办公室与商家等共同营造，前者管设计、监工、验收等质量，后者配合施工并承担相应费用乃至部分管理职能。

人防工程建成后却一直没有得到使用的机会，有些商家在八十年代初期曾改建作为简易招待所，但因为潮湿和空气不畅、空间不足，不久也被遗弃了。不少人防工程成了城市的一条地下水道，对于建筑物本身也有侵蚀，加上营造地铁和建设高层建筑等，地下通道也不通了，掩体更成了水库。2017 年，政府相关部门在福州路沿线包括 401 号、424 号等全面实施抽水灌填水泥工程，终于了结了数十年的一件大事。

1973 年 6 月 5 日，上海书店革命委员会向黄浦区广东路房管所革委会主送了《申请改建门市扶梯和加建后面房屋》的报告：

我店门市部（福州路 401—411 号）现正进行人防施工，结合今后业务开展的需要，和市革委"利用空地、向上发展、改造城市、有利于民"的精神。决定在人防施工期间同时将门市部原有三座扶梯拆除，改在中间后墙建一座双开式扶梯；并将后面杂乱的披屋和年久失修破坏不堪的石梯拆除，利用原有围墙加高，把二楼、三楼的地平伸延加接至围墙，用钢骨水泥铺地坪。经过改建基本上可以解决我店门市部图书无处堆放的困难。现附上改建草图请予审查，希能予以协助及时批复，以利于人防施工同时改建。

伴随着人防工程的开工，一系列的后善改建、加建计划终于可以开始实施了。有点"借光"的感觉。这个报告抄送给了中共新华书店党委（似漏了"上海"）。新华书店后勤组在收文处理单上写着"了解"。

6月22日，上海书店向黄浦区房地产管理局革委会主送、向中共新华书店党委、黄浦区广东路房管所革委会抄送《福州路401号、424号四楼各加一层楼事》：

我店业务在不断扩大，由于古、旧书刊的特点，需增设二、三门内部书店，按品种、对象分别供应，其次栈房不够，图书无处存放。根据市革委"利用空地、向上发展、改造城市、有利于民"的指示精神，我店决定在福州路424号四楼平台和401号四楼平台各加建一层。以适应我店业务的需要。

以上意见是否妥当请予考虑，并给以大力协助。

市店后勤组的意见为"正在与房地产部门研究解决。经研究可以加层，二处估计 2.4 万—3 万元左右。材料、施工力量我们组织解决"。

7 月 11 日，上海书店向上海市新华书店请求《追加人防经费》：

我店福州路 401 号人防工程原订基本材料费用计划于三月二十四日已请领导批准并下拨经费 7700 元；该计划主要是用于购水泥、黄沙、石子、砖头、钢筋方面。但当时未考虑积土运送费的列入，最近我店委托运输七场两次运土已有 600 吨，每吨 3.75 元运费 2250元，此项费用根据今年 2 月 9 日团部传达市人防工作会议的精神，如果单位自己没有力量运送，其运土费可以在人防经费内列支。目前我店 401 号人防工程仅挖了掩蔽体，而通道还没有开始，估计还需要两次运土费用，预计前后共需付运土费 5000 元，为此备函申请追加请予核批。

7 月 13 日，市店后勤组回复"拟同意再拨给 5000 元"。7 月 20 日，"经今天党委、革委会常委联席会议讨论，同意再拨给伍千元"。

8 月 10 日，上海书店又向上海新华书店党委《申请拨付维修和撤移门市部扶梯的材料和经费》："1973 年 6 月 5

日我店为搬移扶梯事，函请黄浦区广东路房管所革委会派员前来观察，并要求予以同意。目前自人防开展以来，原有扶梯都已破裂，经向房管局反映和观察后，现已正式批复我店，同意予以施工，并已决定外包工程施工，材料和施工费用约需 7000 元左右，准备自第四季度初即行动工。特向组织汇报和同意拨款施工。是否妥当，请予批复。" 8 月 15 日，市店批复"经与黄浦区房地局公房组研究同意搬移。我们意见可以改造：1.门市环境整齐，2.可扩大门市面积。有关费用在大修理费内支付，材料钢筋市店解决。水泥向社后勤组申请费用，应精打细算。"

8 月 11 日，上海书店再次《为福州路 401 号加层申请材料及拨给经费》向中共新华书店党委报告：

> 我店前申请福州路 401 号、424 号房屋加层时，报请区房管局及书店党委审核，现已蒙区房管局同意，为积极筹备加层工程，拟先行申请福州路 401 号加层工程的材料（见附件）业请求拨给经费 32850 元。以上意见当否，希审批。

市店后勤组 10 月 15 日给出的意见是"该房挖防空洞后，出现下沉等现象。据黄浦区房管局生产组答复，暂不考虑加层问题。待一二年后看情况再考虑"，作了回复。

1974 年，上海书店挖防空洞、加层施工的事仍在继续着。2月5日，向中共新华书店党委申请《为福州路424号加层申请材料及拨给经费》："我店前曾为申请福州路401号，424号房屋加层事，报请区房管局及书店党委审核。现已蒙房管局同意，为积极筹备加层工程拟申请福州路424号加层工程的材料并请求拨给经费25650元。以上意见当否，请指示。"随文附着一份《扩建工程材料申请表》，其中标明，此次加层共计342平方米，单价75.00元，合计25650元。2月13日，市店"常委会上议过，请后勤组了解后报社革委会批准"。之后，回复上海书店的审核意见是"经研究，同意上海书店扩建工程计划，请上级审核并调拨有关材料"。

3月26日，向市店发出《扩建工程材料申请表》，市店基建组同意下拨9250元，"该工程上次已同意下拨2.7万余元。另外附材料一份调整材料有困难未同意。现在黄浦区房地局在西部施工。同意安排在他们计划办，材料除木材6立方米、钢筋6.2吨由我店付给外，其他材料施工力量全部由房地部门解决，费用2.7万元减少为9250元。改建后一方面解决上海书店用房困难，另一方面市容也整齐"。

4月15日，上海书店直接向上海新华书店后勤组发出《关于追加修建增加费用》请示：

我店福州路401号扶梯及部份房屋改建工程，原上报预算柒千元左右。由于我们估计不足，及在施工中考虑到今后房管所配合加层工程，在二楼增加了男女厕所，重排了粪管，放大了水管，加砌了原吊梯面墙等，因此实际支出原材料加上人工费达壹万伍千元，特此补充申请追加费用预算捌千元正。

4月20日，回复是"已通知作价，另报"。

4月18日，再次向上海新华书店后勤组发出《申请拨付人防工事超支款》申请，内称："我店福州路401号人防工事现已完工。其中福门防空洞面积106平方米，基本材料费11596.22元，平均每平方109.40元，已由上级批准计划拨款计福门7700元，与实际支出已超支计划3896.4元。原因：原计划系按每平方70.00元估计，其中防空洞墙身是按砖头的结构。后来人防市级领导有新的指示：要求各单位对人防工事要提高质量的精神，同时对防空工事的造价也从原来的70.00元提高到100.00元左右。我店根据上级指示将原用砖结构的墙身改为钢筋混凝土，故而材料费用随着增加。""人防的运土系委托上海市汽车运输公司承运，其中福门共支出1128吨，运费4264.54元，川门110吨250.80元。此笔运土费，我店曾在去年向上级申请拨专款5000元与实际支出数还剩余484.66元。""上述两处人防工程连运土费共支出17849.66元，除已下拨款14200元外超支3649.66元。"

5月31日，上海新华书店后勤组不仅同意而且当天直接拨款了。

上海书店在5月21日向上海新华书店革委会报告《我店福州路收购处地坪粉刷材料费用预算》：

我店福州路413—415号原收购处，因人防施工后地坪与墙身等受损坏，马路填高后地坪要加高一尺多，墙壁也多年未粉刷，现为配合门市部及时开门，急需填高地坪与装修粉刷等工作，有利于抓革命促生产。现经过初步研究与核算，需要下列材料和费用：

浇地坪用400号水泥四吨168元；浇地坪用500号水泥二吨92元；浇地坪用黄沙拾吨150元；浇地坪用石子拾五吨255元；油漆粉刷约800元。

上述费用请领导审核，以便争取早日完工。

市店后勤组6月27日答复"该收购处与店堂低一尺多，车推不进去，因此拟同意垫高，地面磨石子，以减劳动力，当妥请批示"。7月6日补充"已通知照办"。

5月17日，上海书店向上海新华书店革委会报告《为福州路401号人防工程后装修门市预算》：

我店所属福州路401号门市部因人防施工后装修门面，恢复门市布局，增设内栈内书架和门市内部书架，增辟读者阅读室等，需添置长方形书台和书架木料，以及玻璃柜台（原该门市大部分是开放式，后从古籍门市借调部分玻璃柜台，现古籍门市重新开门后，玻璃柜台由古籍书店收回）。另外门市原有电灯线路已使用近20年需要调换，经过核算，需要下列材料和费用：

添置费：玻璃柜台30只需木料三立方米费用约3000元；内书架八十只左右；门市书架二十只左右；长方形书台十五只；四只扁形方柱需用三夹板包：共需木料三立方米、三夹板三十五张、纤维板一百张，费用约1500元。

添置费共约4500元。

装修费：日光灯、管、架、方棚等另件各八十只，费用约1100元；电线1500公尺，费用约700元；油漆粉刷费用（其中油漆大部份自己搞）约3200元；油漆原料费费用约300元；临时木工工资（九人各三个月）费用约2000元，其他另星费用约1700元。装修费共约9000元。

以上二项费用共计13500元。

以上费用请领导上审核，以便我店争取在七月前开门。

这次，回复比较复杂。

5月20日，市店后勤组提出处理意见："关于福州路401号门市修理问题，昨天由办公室、基层业务组在上海书店召开座谈会，参加人员有上海书店二套班子及部分群众。共同研究：1. 电线因使用已达 20 多年，破烂有时走电，换新的；2. 电灯新添 80 套，将原有的装在仓库及厕所中使用；3. 玻璃台 24—30 只；4. 门市油漆；5. 内书架门市书架及门市包柱子等，共给木材四立方（全年用途），由他们自己安排使用；6. 费用共计（此处空白）元；7. 另外门市装修也请计算并予预算。当否请批示。"5 月 28 日批示"同意"。

7 月 29 日，上海书店向上海新华书店申请福州路 424 号申请再加半层："兹因我店 424 号三楼平台，最近房管部门正式施工，工程大部分已完工。未加层前三楼平台早已有砖木结构平房。这次名义上加了一层，实际使用面积没有扩大多少，因此再申请增加半层楼，希速给予审批为荷。"市店 11 月 22 日发文同意建造，计费用 7800 元由该店在"固定资产更新资金"中支付。

8 月 3 日，上海书店将《申请福州路 424 号房屋加建五层楼》一文主送黄浦区广东路房管所负责同志，抄送上海新华书店："我店所属福州路 424—436 号古籍书店，经你所批准和大力协助，现正在进行房屋加层施工（原有三层，加建第四层），但由于古籍书店所经营的全是古旧图书。国家规定应作为文物保护，其中有的由于内容和其他原因，不能销售或不能大力推销的，但也不能报废，因此多年来进多出少。存货不断增加，仓库房屋越来越紧张。现虽加了一层。但在加层前本来就有搭建房屋三间，因此加层后实际增加房屋平方不多，而且新加层房屋结构较矮，对仓库实际使用平方较少，因此加层后我店仓库房屋使用仍存在较大困难。为此，我店拟申请在现有加建第四层工程的基础上，立即再加建第五层，以解决我店迫切的实际需要。至于第五层的加层设计，可与隔壁福州路 406 号文具批发部的完全一样。尚祈大力协助。予以批准为感。"市店 1974 年 11 月 24 日发文同意建造，计费用 7800 元由该店在"固定资产更新资产"中支付。

1974 年的最后一个相关报告是向上海新华书店革委会《申请加建古籍书店五楼房屋拨款报告》："兹有我店古籍书店，因扩展业务和仓库用房需要，我店用房较紧张，无多余房屋调剂，特此申请在福州路 424 号（古籍书店）五楼平台加建用房 120 平方米（实用面积为 94 平方米），建造砖木结构，钢筋水泥顶，造价按每平方米 65 元计算，总造价为人民币 7800 元正，希能及时拨款。特望允准。"市店后勤组 11 月 16 日"拟同意请党委批示"，19 日，党委同意并"款已下拨"。

1975 年，只是到了年末之际，上海书店在 11 月 29 日才有一份相关报告给市店（手抄稿）：

上海市新华书店革委会：

我店福州路 401 号旧书门市部，共有三层，每层面积有 480 平方米左右，底层及二楼是对外营业所用，三楼、四楼是仓库用房，但四楼系自己搭的违章建筑，面积约 150 平方米左右，到现在已有十多年了。由于多年未进行维修，逢到下雨就要漏，有的房屋漏得较厉害，已造成危险房屋。在台风雷雨季节，问题就更大，下大雨时就要组织人力挽救书刊，以免造成损失。另外，当前的新华书店各区店开展联合收购，回收来的内部书刊均由福州路二楼三门供应。书源来时，三楼仓库就不够使用，为此特申请拆除四楼违章建筑加层改造。

关于福州路旧书店加层问题，在七三年挖人防时曾打过申请加造二层的报告，由于刚挖人防，加层对地基有影响，房管部门意见，让其稳定一年后再加。现在人防造好后，已有一年半时间，地基基本稳定。为此，再次申请加造福门房屋一层半，约 640 平方米。

12 月 3 日，市店后勤组处理意见为"经研究认为，加层问题暂不作决定。待安排 1976 年基建计划时统筹安排。"12 月 5 日，市店批复"同意后勤组意见，待讨论 1976 年基建计划时再定"。

2023 年 9 月 5 日

请示关于加强古旧书收购供应工作的几点打算

最近我们在学习社党代会文件精神时，对我们书店今后的业务方向问题进行讨论和研究，统一了认识，并提出了一些具体打算。现将情况简单汇报如下：

还早在 1971 年，全国出版会议文件广泛传达以后，我们通过对毛主席有关文化遗产批判继承等重要指示和"古为今用"方针的学习，通过对全国出版会议文件的学习，我们在有关业务方针的一些重要问题上有了比较一致的认识。当时我们决定要把业务重点逐步从新书发行业务转到古旧书收购供应工作上来，要加强和扩大古旧书收购工作，要积极清理存书，做好古旧书的分档供应工作。

因此，我们从去年 2 月开始逐步开放古书，接着又组织人员清理栈存旧书，扩大"二门"，并在清理栈存旧书的基础上筹设"四门""三门"。这样，古旧书的供应数量就有了大幅度增长。从去年第四季度的情况来看，本外地单位对各类书刊的需要量比较大。尤其是来自广西、新疆、内蒙古、黑龙江等边远地区的一些单位，几乎像是白手起家，什么书都要。就是像天津市历史研究所那样原来有基础的单位，购书的数量也很大，一下子就选购了一万几千元。这给我们的压力很大，原来门市每月收购七八千元的数量，远远不能适应这样的需要。如以古书为例，去年进栈的数量只及出栈数量的七分之一。

最近我们对上述情况进行讨论研究，大家一致认为，为了贯彻执行社党代会对我店提出的"古旧书刊发行和收购也要适应社会主义革命、社会主义建设和国际斗争的需要，把工作做好"的要求，必须立即加强和扩大古旧书的收购工作。同时，为了抽调一部分人员充实收购力量，就需要以较快的速度收缩新书发行业务。去年第四季度，我们曾派人到本市郊县收购，又到外地常州等处收购。收书的情况比较好，单是常州一地就收购到古旧书二万册三千元，还发现了一些珍贵稀少的图书。这使我们有了充分的信心，感到古旧书收购工作还是大有可为的。因此我们经过全店群众讨论，提出以下几点具体打算：

一、从今年一月份起收缩新书的进订发行范围，除了以下几方面的新版图书外，立即停止进订，已经预订的通知新华书店发行所停止发书。

（一）马克思、恩格斯、列宁、斯大林著作和毛主席著作；

（二）重要的政治学习文件；

（三）研究我国历史的通史、断代史和政治史、经济史、哲学史、文学史等方面的学术著作，以及研究某一历史事件的著作和有关上述方面的普及性读物等；

（四）经过整理、标点、注释的我国古代著作和选编、选译我国古代著作的普及性读物；

（五）我国古代的医药学著作和研究中国医药学的近人著作；

（六）研究中国书画的著作和碑帖、中国画画册等。

二、我店各门市原有新版图书的存书，通过与新华书店协商，调拨给新华书店或退大名路仓库。

　　三、我店各门市收缩新书发行业务以后，节省出来的人力作如下安排：

　　（一）加强本市流动收购、外地收购和门市收购的力量；

　　（二）调整和充实原有在本市各区废品公司书刊抢救的工作人员；

　　（三）组织力量做好新华书店清仓图书的交接和处理工作。

　　我们认为，收缩我店现有新书发行业务，集中力量搞好古旧书的收购供应工作，不仅可以减少新书发行网点分布上的重复浪费，更重要的可以充分发挥我店固有的作用，为国家广泛收集、积累、保存文物和各类图书资料，提高图书利用率，扩大图书的出版发行效果，为无产阶级政治服务，为工农兵服务，为社会主义服务。而且上海外宾往来较多，我店专搞古旧书收购供应业务后，对宣传我国关于文化工作的方针政策上也起着有利作用。

　　我店收缩新书发行业务后，在一定时期内亏损还会增加，扭转亏损还须作一番较大的努力。最近银行、财政局对我店的亏损问题抓得较紧，特再作些说明。

　　以上意见是否可行？请批示。

上海书店革命委员会

1973 年 1 月 16 日

附件：新华书店上海发行所业务组：

为贯彻执行社党代会文件提出的"古旧书刊发行和收购也要适应社会主义革命、社会主义建设和国际斗争的需要，把工作做好"的要求，我店决定按下列范围进行新版图书，同时商请你处咨照有关部门，自1973年1月份前我店所订的各类新版图书，如果属于下列范围的，希能适当发给，不属于下列范围的，请停发。

（1）马克思、恩格斯、列宁、斯大林著作和毛主席著作；

（2）重要的政治学习文件；

（3）有关研究我国古代历史、地理和我国政治史、经济史、文化史、哲学史、文学史、艺术史等方面的学术性著作；

（4）经过整理、标点、注释的我国古代著作和选编、选译我国古代著作以及有关介绍我国古代历史、文学、艺术、历史人物等方面的普及性和知识性读物；

（5）有关研究我国医药学方面的著作，包括古代的和近人编著的；

（6）有关研究中国书法艺术、篆刻、绘画方面的著作和碑帖、中国画画册以及其他艺术复制品等。

专此，拟请　惠予洽办。

即致

敬礼

上海书店革命委员会

1973年1月16日

另有我店所属合作旧书店进订的各书。虽不属上列范围，仍希按照订数供给。现将他们以前进订的各书数量列目于后。

上海人民版　上海市业余外语广播讲座（英语）第四册　1000 本

上海人民版　十万个为什么 6　100

上海人民版　十万个为什么 7　100

上海人民版　十万个为什么 8　100

上海人民版　十万个为什么 9　350

上海人民版　十万个为什么 10　400

上海人民版　孙悟空三打白骨精（连环画）　500

山东人民版　奇袭白虎团（连环画）　200

上海人民版　罪恶的"育婴堂"（连环画）　200

编者按：本件主送上海新华书店，抄报上海人民出版社革委会。新华书店上海市店收文处理单显示，由基层业务组向上海书店了解情况后，发行组结合业务组给出了处理意见，对于原订的书仍照发，以后由该店自行掌握订数。

上报 1973 年度亏损计划

最近我们经过讨论研究，制定了我店 1973 年度亏损计划。现送请审批。

一、今年我店业务部门全年销售计划 60 万，比去年实际完成 86 万减少 26 万，比例为 30.3%；原因，今年主要是收缩新书发行业务，只供应马列著作和毛主席著作以及文、史、哲等方面的书籍，其他一般新书都停止发行。今年我店的业务方针，贯彻执行社党代会文件提出的"古旧书刊发行和收购也要适应社会主义革命、社会主义建设和国际斗争的需要，把工作做好"的要求，加强古旧书收购和供应工作，更好地为无产阶级政治服务，为工农兵服务，为三大革命服务。另外，在第二季度内福州路门市部将要建筑防空工事，因此对门市业务也受一定的影响。

二、我店今年的亏损计划为 20 万，比去年实际亏损增加 15.82 万；去年我店 1—11 月全店亏损数 14.82 万，12 月份上交利润 10.64 万，其中有上交资本家扣发工资冲转成本 7.32 万，如抛去这一因素只有利润 3.32 万，那去年我店全年亏损应为 11.5 万。如以此数与今年亏损计划相比，则增加亏损 8.5 万，比例为 74% 弱。

三、我店今年要加强和扩大古旧书的收购，充实和加强古旧书收购力量，以便开展外地收购和本市流动收购。古旧书收购工作应根据上级领导部门指示的"立足上海，兼顾外地"的精神。另外继续加强本市各区废品公司的书刊抢救工作；同时做好古旧书的分档供应工作，并统一三个地区门市供应的图书掌握标准；对古旧书的清理分档和审读把关工作继续坚持"专业与群众相结合"的群众路线方法，不断总结经验，健全制度，保证古旧书供应工作的政治质量。

在福州路门市部未开始筑防空洞前，积极做好福州路临时门市部的筹备工作，挖洞时，要在人力较紧的情况下，合理安排和配备力量，继续做好我店门市和服务部的图书供应工作，为完成今年销售计划作出努力，力争做到少亏一些。

四、今年商品流通费计划 47.52 万与去年实际支出 38.82 万相比增加 8.7 万，然去年 12 月份费用支出中有上交资本家扣发工资 7.32 万冲转成本，还有已列支报废书损失 2.3 万，该款已由中央专款拨入故应剔除，仅这两笔就减少费用 9.62 万，如没有这两个因素而去年费用实际支出就要 48.44 万，那今年的费用计划相反比去年有减少。

上海书店 1973 年度亏损计划

项　目	上年实际完成				1973 年度计划			
	业务部门	工厂	管理部门	全店	业务部门	工厂	管理部门	全店
商品销售总额	860300	92400	14500	967200	600000	72000		672000
其中：新书	416100			416100	50000			50000
古旧书	444200			444200	550000			550000
减：商品销售折扣	10600		4400	15000	10000			10000
商品销售收入	849700	92400	10100	952200	590000	72000		662000

项 目	上年实际完成				1973 年度计划			
	业务部门	工厂	管理部门	全店	业务部门	工厂	管理部门	全店
减：商品销售成本	529700	55700	8100	593500	315000	54000		369000
商品销售税金	16100	1800	200	18100	16000	2200		18700
商品流通费	273700	41900	72600	388200	370000	33200	72000	475200
商品销售利润	30200	−7000	−70800	−47600	−111500	−17400	−72000	−200900
其他损益	2700	900	2200	5800	500	400		900
利润总额	32900	−6100	−68600	−41800	−111000	−17000	−72000	−200000

上海书店革命委员会

1973 年 1 月 29 日

编者按：本件主送上海市财政局第四分局，抄报上海人民出版社革委会、上海新华书店革委会、人民银行黄浦区办事处信贷科。新华书店上海市店由办公室转基层业务组"阅"。

上海书店关于旧碑帖审读把关的试行规定

书法艺术是我国民族的优秀文化遗产。书法一方面有艺术性，一方面又有实用性，因此颇为广大革命群众所欢迎和需要。但由于旧碑帖的情况比较复杂，在供应前必须做好审读把关工作。现对这方面工作初步规定如下：

一、审读把关方面的注意事项

1. 凡碑帖内容系宣扬封建迷信、因果报应以及劝诫文、具有封建思想的格言和夹有黄色情调的均不在门市供应。如《文昌帝君阴骘文》《太上感应篇》《南屏神翰》《唐太宗百字箴》《黄觐虞百字铭》《朱柏庐治家格言》《胡大川幻想诗》等。

如碑帖内容确无问题，但其首尾若印有宣扬迷信、因果报应、劝善、戒淫等附属文字的须作技术处理后门售（此类情况在解放前石印碑帖如求古斋出版的碑帖中较多）。

2. 晚清及现代反动人物所写的碑帖，不论其内容如何，门市一律不售，如曾国藩书《金陵昭忠祠记》，李鸿章书《钱公墓志》，戴传贤书《孝经小楷》以及谭延闿、郑孝胥（苏戬、苏盦、太夷）等人所书写者。

3. 内容无问题，凡有晚清及现代反动人物题跋、题签的，应将其署名及印章涂去或挖去后方可在门市陈列。题跋内容有问题的亦须慎重处理。如《康南海先生墨迹》，题跋有反动语句；《南皮张文达公手书孝经》后有近人李国杰跋，跋语反动，涉及现实政治，如能作技术处理的则处理后门售，如难以处理的则转内部供应。

4. 版本较精、定价较大的碑帖，内有反动人物题识，可不作技术处理，转内部供应。

5. 历史上著名书法家所写的释、道经典，如柳公权及苏东坡的《金刚经》、赵孟頫的《无量义经》《灵飞经》《黄庭经》，文征明的《佛遗教经》等，以及近代史上有较好评价的著名人物如林则徐的《林文忠公写经小楷》，以书法艺术品看待，均可门售。至于近代一般人所写的佛经字帖，如金兆銮的《佛说阿弥陀经》、吴道生的《吴了村临金刚经墨迹》之类，门市不陈列，供应时作适当掌握。以书写旧诗词为主的碑帖如诗词内容不很健康，情调较低沉的，在门市供应时亦应掌握，不要陈列在显著地位，如《星录小楷》等。

6. 碑帖内容有涉外问题，宣扬大国主义的，凡有"征朝鲜"、"征缅甸"等叙述（如《李根源书猛拱关庙碑记》涉及清乾隆间傅恒征缅甸事），门市不陈列供应；涉及边疆问题的，如《袁忠节公手札》（清·袁昶书），门市亦不陈列，被动供应。

7. 内容有污蔑清代农民起义（如太平天国、捻军、义和团）的碑帖。如系一般污蔑性字眼如"粤寇""发逆""捻匪"等，且所占篇幅不多，则在门市不陈列供应。如污蔑程度严重且篇幅较多的则转内部供应。

8. 解放前私营书店出版的碑帖凡附商业广告，而其内容反动、庸俗的，或刊载某些反动人物著作书目，均须作技术处理后门售。

9. 解放初期私营书店（如福禄寿书局等）出版的以毛主席诗词或辑集毛主席、鲁迅、郭沫若等诗词写成的字帖，质量很差，均不供应。

10. 旧碑帖版本，凡系石印本，珂罗版及其它影印本均可在门市陈列供应。由于清乾隆以后的拓本碑帖的鉴别比较复杂，暂时集中于福州路二门，各地区门市部暂不门售。至于清乾隆以前的旧碑帖已属于文物性质，首先供应有关单位保存。

二、审读把关的几项规定

旧碑帖的审读把关亦须执行层层把关，专业与群众相结合的原则。具体办法如下：

1. 在古籍门市部，先由古籍栈房将准备门售的碑帖进行审读把关；其后，通知门市有关同志再审读把关；最后由业务组审读人员复查。在栈房、门市、业务组审读把关过程中如发现有内容方面的问题不宜在门市供应的，须建审读卡以便积累有关资料。地区门市部亦按上述精神进行。

2. 此项旧碑帖的审读开放工作原则上每月进行一次。

3. 以上办法自 1973 年 2 月份起试行。

1973 年 2 月

关于申请增加新版图书分配比例的要求

我店原有的古籍门市部已在3月29日恢复对外服务。这一门市开门以来，社会影响较大。读者每天从早到晚一直比较拥挤。而且也颇引起外宾的注意。如，仅在4月3日一天就有二个外宾指定要到我店选购古书。上午是一个丹麦外宾，购去古籍300余元；下午我们又接待了美国加州大学东亚图书馆馆长，选购了2600余元的古书和新版古书。另有一批日本客人，已约定在4月11日来古籍门市部选购古书。国内外读者除了需要线装古书外，也要求购买解放后出版的新版古代著作和碑帖画册。为了体现对古代文化遗产的批判继承，发挥我店的专业特色，我们除了供应线装古书以外，还应适当储备一部分新版的古代著作和有关我国古代文史研究方面的图书以满足外宾和部分国内读者的需要。因此我们希望市店有关业务部门能对我店适当增加一些这类图书的分配数量。我店今后进订新版图书的范围大致如下：

1. 影印的古代著作或经近现代人整理、校勘、标点、注释的古代著作。

2. 有关中国古代文学、历史、地理、哲学、语言文字等研究方面的近、现代人著作以及有关此类内容的资料选编。

3. 金石考古、碑帖、画册等。

4. 重印的古代医书或近现代人编著的关于中医、中药方面的著作。

对上述范围图书的发货比例我们初步意见希望能提高到占全市发货量的 16%—20%（原来市店规定是 2%）。

另外，属于上述范围的图书，如按一定级别在内部凭证供应的，也希望能对我店酌量分配。

至于征订的图书，我们要求能尽量按照我店的订货数字发足。分批到货的也能按照一定比例分配。

以上意见请研究。

上海书店革命委员会

1973 年 4 月 10 日

编者按：本件主送上海新华书店革委会，抄报上海人民出版社革委会。市店党委负责同志和革委会常委专为此事去上海书店研究过一次，印发《内部工作通知》给有关部门执行。

请示在新华书店门市部设置收购古旧书宣传品问题

我店古旧书货源，主要来自向社会上收购。因此，做好古旧书收购工作，宣传古旧书收购工作的意义和手续等，极为重要。例如：不久前，我店收购员去上海市郊嘉定县收购时，曾收到一批在无产阶级文化大革命期间从地下发掘出来的稀见的明代戏曲资料（此事已由《文物》杂志载文发表），就是当地贫下中农看到我店收购古旧书的宣传招贴后送来的。又如，我店四川路门市部，在向社会上做了一些宣传工作后，古旧书收购量比以前剧增一倍左右。可见做好古旧书收购宣传工作，对保护祖国文化遗产，扩大古旧书货源，确有十分重要的作用。

为了做好收购古旧书的宣传工作，我店准备设计一种小型宣传牌（面积约 25 × 20 公分），并拟商请全市各新华书店门市部在橱窗内或其他适当场合陈列。如市店领导同意，此项宣传品将由我店随后送去，或请市店转发。以上意见如可行，希市店转告各区书店，并复告我店业务组。

上海书店革命委员会

1973 年 4 月 20 日

编者按：本件主送上海新华书店革委会。市店基层业务组在"处理情况"栏表示"同意宣传，已口头告知上海书店"。

关于在门市开放一部分十八、九世纪外国文学作品和现代外国文学作品的报告

关于十八、九世纪的外国文学作品，北京、上海的有关出版社通知发行的只有二十来种，且系内部凭证供应，大多数作品均未作处理。近一年来，我们根据出版社通知精神，对未处理的这类图书放在内部供应专业单位和专业个人。

最近，我们讨论了这类图书在门市发行的问题，认为根据"洋为中用"和"批判地吸收外国文化"的方针，对十八、九世纪文学中批判现实主义和积极浪漫主义的作品即多少带有民主性和革命性的，尤其是这一类作家的代表性作品，可以在门市开放；但对十八、九世纪文学作品中立场观点错误、消极因素较多、副作用较大的作品，在社会上未深入进行批判和出书的"前言""后记"中未作分析批判的情况下，不宜在门市陈列，一般仍放在内部供应需要者。

又关于十月革命后出版的苏联和其它国家比较优秀的革命文艺作品，目前出版社通知发行的品种亦甚少，我们认为，如著译者没有较大的政治问题，一般也应在门市供应。

基于以上认识，结合我店存书情况，试拟了一批在门市供应的外国文学作品书目。是否妥当，请批示。

上海书店革委会

1973 年 5 月 24 日

附件：书目

席勒：《华伦斯太》《威康·退尔》《阴谋与爱情》

克莱斯特：《破瓮记》

格林童话

海涅：《德国——一个冬天的童话》

托马斯·曼：《布登勃洛克一家》

安徒生：《皇帝的新装》《夜莺》《卖火柴的女孩》《丑小鸭》等童话故事

易卜生：《易卜生戏剧四种》

斯托夫人：《汤姆叔叔的小屋》

马克·吐温：《汤姆·莎耶历险记》《哈克贝利·芬历险记》《一个败坏了哈德勒堡的人》

杰克·伦敦：《深渊中的人们》《马丁·伊登》《雪虎》

欧·亨利：《麦琪的礼物》等短篇小说集

克雷洛夫：《克雷洛夫寓言》

普希金：《叶甫盖尼·奥涅金》《波尔塔瓦》

果戈里：《钦差大臣》《死魂灵》《外套》等短篇

叶尔肖夫：《小驼马》

托尔斯泰：《塞瓦斯托波尔故事》《战争与和平》《复活》

屠格涅夫：《猎人日记》《罗亭》

涅克拉索夫：《在俄罗斯谁能快乐而自由》

冈察洛夫：《奥勃洛摩夫》

契诃夫：《套中人》《樱桃园》等短篇小说和剧作

密茨凯维支：《塔杜施先生》

高尔基：《童年》《在人间》《我的大学》《克里姆·萨姆金的一生》《阿尔达莫诺夫的事业》《母亲》等作品

荷马：《伊利亚特》《奥德赛》

《伊索寓言》

埃斯库罗斯：《普罗米修斯被缚》

但丁：《神曲》

乔叟：《坎特伯雷故事集》

莎士比亚：《威尼斯商人》《汉姆雷特》《奥赛罗》《罗密欧与朱丽叶》《理查三世》《亨利四世》等剧作

塞万提斯：《堂吉诃德》

笛福：《鲁宾逊飘流记》

菲尔丁：《汤姆·琼斯》《大伟人华尔德传》《约瑟·安德路传》

司各脱：《撒克逊劫后英雄略》

拜伦：《恰尔德·哈罗尔德游记》《唐璜》《青铜时代》

斯威夫特：《格列佛游记》

萨克雷：《名利场》

狄更斯：《匹克威克外传》《奥列弗尔·退斯特》《大卫·科波菲尔》

爱略特：《弗洛斯河上的磨坊》《织工马南传》

哈代：《还乡》《卡斯特桥市长》《哈代短篇小说集》

肖伯纳：《华伦夫人的职业》《鳏夫的房产》《魔鬼的门徒》

莫里哀：《吝啬鬼》

巴尔扎克：《欧也妮·葛朗台》《高老头》《贝姨》《邦斯舅舅》

雨果：《悲惨世界》《九十三年》

都德：《小东西》

歌德：《浮士德》

马雅可夫斯基的长诗等作品

富曼诺夫：《恰巴耶夫》

法捷耶夫：《青年近卫军》

奥斯特洛夫斯基：《钢铁是怎样炼成的》

绥拉菲摩维奇：《铁流》

马特洛索夫：《普通一兵》

沃尔夫：《飞碟》

魏纳特：《斯大林格勒回忆录》

伐佐夫：《轭下》

小林多喜二：《蟹工船》《党生活者》

宫本百合子：《播州平野》

编者按：本件主送上海新华书店，抄报市革委会文艺办、上海人民出版社。市店基层业务组"原则上同意门市公开发行。市革委会朱永嘉等之前已有指示"，不再作复。

关于外出收购的情况汇报和几点改进意见

在市店党委的领导下，我店收购处在去年开展本市市区、郊县流动收购的基础上，今年二月下旬先后派出二组收购人员（每组三人、后减少到二人）前往外地开展流动收购工作。其中一组自二月廿一日出发，先后到南通、常熟、常州、开封、西安，南京、郑州、洛阳（后列三地未收购）等地，到五月廿二日结束，共计90天，收购金额五千元。另一组自二月廿一日出发，先后到宁波、绍兴、杭州（上述三地未收购）、湖州、金华、义乌、东阳、佛堂、南昌（未收购）、抚州、萍乡、吉安、赣州、景德镇等地，到五月廿八日结束，共计96天，收购金额九千余元。现将情况简要汇报如下：

一、处理好同当地有关领导部门和兄弟店的关系

外出前，经大家讨论，一致认为一定要处理好同当地有关领导部门和兄弟店的关系，坚决克服文化大革命前存在的"利润挂帅""指标第一"等现象，因此我们收购员每到一地，即到当地文化宣传领导部门和新华书店报到，主动接受他们的领导，取得他们同意后再开展工作。如在浙江、江西都得到省革委会政工组领导的支持，由他们出具介绍信给各地、市、县政工组，因此各地对我们工作很支持，而且对我们生活上也照顾得十分周到。

文化大革命以前，我们到外地收购，凡收到稀少珍贵的图书，都采取保密，不让当地知道。这次我们改变了这种做法，凡是收购到的书，都经当地宣传领导部门检查，凡是当地的地方性资料，和当地需要的书，都按收购价格留给当地。事实证明，这样做是正确的，不仅搞好了同各地的关系，而且为他们研究当地古代政治、经济、文化等方面的历史情况提供了资料，很受他们的欢迎。

这次外出收购，对各地进一步开展古旧书的业务起了一定的促进作用。有些地方文化大革命以后古旧书收购供应工作还没有开展，不少有用的图书还没有得到充分的利用。这次我们去后，不少地方都表示要重视和加强这方面工作。如浙江省新华书店同志说，上海到浙江收购，对他们震动很大，他们表示也要加快步伐，把古旧书收购供应工作搞起来。

二、各地群众对古旧书收购工作的一些反映

我们这次去外地收购，是文化大革命后第一次。总的来说，对我们去收购是欢迎的，普遍都说我们这样做，使他们多余的图书能得到处理，让它们继续发挥作用。不少读者反映，我们如早一、二年去收购，将能回收到更多的古旧书刊，现在有的已毁了，他们希望我们今后能经常去进行收购。但也有一些读者不理解，说文化大革命初期破四旧烧了不少书，现在又说古旧书可以利用，国家出钱回收，对这样做不理解。由于不理解，有的读者就产生顾虑，不敢把书拿出来出让给我们。浙

江湖州新华书店同志就向我们反映这个情况，并提出是否要请公检法做些工作。在开封收购时也碰到个别读者询问"出售古旧书犯法吧？"据说开封在扫四旧时，曾出现挨家挨户把古旧书拿出来烧的情况。这些读者由于当时没有把古旧书拿出来烧掉，怕现在拿出来卖掉会被人说成是违法。

三、今后的图书收购范围

文化大革命中由于极"左"思潮的干扰，社会上所存图书受到了一些损失。总的说来，我们这次跑过的一些地区古书比旧书损失大，中学比大学损失大，城镇比农村损失大。由于这个原因，货源比过去是少了。特别是文史资料方面图书，在我们所收购的图书中所占比例很小。鉴于这种情况，我们认为收购范围一定要放宽，即使是一些出版社通知停售处理的图书，如有一定的资料价值，也应回收。事实上我们在工作中也这样做了。

四、对几个具体问题的初步意见

1. 关于外出收购的宣传工作问题。目前我们外出收购，宣传工作主要是张贴海报。从效果等来看，影响还是比较大的。但随着形势的发展，其他形式的宣传也可跟上去，如电影幻灯，有线广播等。收购员同时也是宣传员，应该向工农兵读者宣传回收古旧书的意义和作用，对有顾虑的读者更要做好宣传工作。

2. 关于当地留书问题。我们收购到图书应该主动给当地有关领导部门了解。当他们提出某些图书要求留给当地时，我们原则上应根据事前商定的留书范围，适当考虑留给当地。我们认为，凡是属于当地地方性资料方面的图书，可以按照我们的收价留给当地。至于其他书原则上不留，如当地需要，可按照我店售价优先供应。但留书的单位主要是当地文化宣传机关以及它所指定的单位。

3. 关于收购方式问题。随着形势的发展，各地古旧书业务正在陆续上马，今后外出收购可能会同当地兄弟店发生矛盾。为了解决这一矛盾，我们认为可以在当地有关部门的同意下，采取联合收购的办法。对所收的图书，原则上是两家对分，但也可根据不同的需要进行适当调整。除此以外，今后外地收购可以收购新华书店清仓书、向当地古旧书店调拨和民间收购三种方式结合起来进行。为了进一步做到胸中有数，可以考虑向外地图书馆和大专院校发一些信，了解他们的图书处理情况和打算。同时可以开展图书交换工作，我们供应他们需要的图书，他们把多余的图书处理给我们，起到互通有无，相互调剂的作用。

4. 价格问题。上海古旧书（主要是旧书）的价格，同外地如北京、福州、长沙、西安等地比较起来偏低了一些，特别是科技书中的医学书、大专教材、工具书、科学出版社的书等，售价都比外地低。有的书我们的售价只相当于他们的收价；有些书在外地卖实价，而我们最高只有八折。我们认为应该纠正这个现象，对有些书的价格要合理的调整，应卖实价的卖实价。具体做法另行研究。

5. 古籍影印问题。随着时间的推移，古书越来越少了。有些资料性比较强的古书读者很需要，而且目前又无出版可能，外地有些地方（如泰州）就采取抄书的办法，将抄本供应给读者，并向各省市大专院校发信征订。据了解不少单位反映对这些资料很需要，但由于抄的质量太差，感到不放心，建议我们可继续开展古籍的影印工作。

今后我们拟继续组织力量外出收购，通过外出收购进行调查研究，密切与兄弟店和有关单位的联系，了解他们的存书处理情况和需要情况，来进一步加强古旧书刊的收购工作。

上海书店

1973 年 6 月 19 日

编者按：本件主送新华书店党委，抄报人民出版社党委。市店办公室"已按朱永嘉同志指示告上海书店，不另复文。"

根据解放前和解放后出版的期刊的分档办法

今年 3 月份以来，我店对店内栈存的解放前和解放后出版的期刊进行了审读分档，并拟订了分档供应办法。现将此项办法送请审核，是否可行？请予批示。

上海书店革命委员会

1973 年 6 月 11 日

上海书店关于解放前出版的旧期刊的内部供应办法

解放前出版的旧期刊内容情况非常复杂。但就其大多数来说，都具有一定的历史资料价值，包括正面的和反面的。

这些期刊出版在从晚清到全国解放前夕的数十年内，也就是在我国旧民主主义革命和新民主主义革命的两个历史时期内。"五四"运动以前出版的刊物，主要反映了我国旧民主主义革命历史时期资产阶级同封建阶级在政治、经济、文化等各个领域中的斗争；"五四"运动以后，尤其是中国共产党成立以后出版的刊物，反映了我国新民主主义革命历史时期，中国人民在中国共产党领导下同帝国主义及其走狗封建军阀、国民党反动派的斗争。这些期刊包含了大量我国近代和现代的政治、经济、文化等方面的历史资料，对研究我国近代、现代的历史很有用处。

因此，对于这些期刊加以很好的收集、整理，并且有目的有对象地供应给需要的单位，是我店为无产阶级政治服务，为工农兵服务，为社会主义服务的一个重要方面。为了做好这一工作，暂作如下规定。

一、解放前出版的成套旧期刊，凡是可在内部供应的，原则上只供应大专院校、省市图书馆、国家学术研究机关和有关专业单位等。

二、"五四"运动以前出版的刊物，一般都可以在内部陈列供应。

三、"五四"运动以后出版的刊物，属于下列范围的都可在内部陈列供应。

（1）抗日战争前和抗日战争期间出版的宣传抗日救亡运动的刊物，虽在当时的历史情况下，内容杂有党内一些错误路线的东西和国民党一些反动头子的照片、言论的，如《大众生活》《生活知识》《上海周报》《译报周刊》等。

（2）各种大专院校学报、图书馆馆刊和其他学术性刊物，包括一些反动人物主编的刊物如《食货》等，或杂有片段颂蒋反共内容的刊物如《广州学报》等。

（3）抗日战争期间沦陷区一些汉奸文人所办的刊物，内有大汉奸的作品，且有宣扬"共存共荣"等投敌卖国理论的，但就整个内容来说，有关文史研究方面的文字比重较大，有一定资料参考价值的，如《同声月刊》等。

（4）有关中国古代艺术研究方面的刊物，内容虽有反动人物题词和作品等问题，但对有关专业单位尚有一定参考价值的如《艺林旬刊》《湖社月刊》《书学》等。

（5）其他一般政治经济、文化教育、文学艺术等方面的刊物和综合性刊物，有一定资料参考价值，而无严重的反动政治内容的。

（6）科技刊物虽存在一些反动人物题词或反动政府机关出版等问题，但尚有一定资料参考价值和研究价值的，如关于中国医药学方面的《国医杂志》《国医文献》等，建筑方面的《中国营造学社汇刊》等。

四、流传稀少有较大历史资料价值和文物保存价值的刊物，应主动供应给省市以上图书馆和国家有关的重要学术研究单位，此类刊物如：

（1）中国共产党在各个革命历史时期公开和秘密出版的刊物，以及其他具有党史资料价值的刊物；

（2）已比较稀见的晚清出版的宣传资产阶级民族民主革命和变法维新的刊物；

（3）其他流传稀少的有文物保存价值和历史资料价值的刊物。

五、解放后影印的解放前出版的期刊，出版社已有处理通知的，按照出版社处理通知办理；出版社尚未处理的，暂时都放内部陈列供应，如《四川》《北斗》《拓荒者》等。

六、反动党团和国民党反动政府及汪伪政府军警机关等出版的刊物，内容性质明显反动，但不涉及防扩散内容，具有反面资料价值的，不在内部陈列。有关单位有特殊需要，要求购买此类刊物时，可经本店支部同意后供应。

七、内容淫秽和低级无聊，毫无资料参考价值的刊物，不再集配；已集配成套的暂予保留，有关单位有特殊需要，要求购买此类刊物时，须经本店支部同意后供应。

八、国家列目查禁或有防扩散内容的刊物均应集中封存，请示上级领导部门统一处理。

九、解放前出版的旧期刊，一般都不作技术处理，供应时应注意"对口"，也就是必须供应给确有需要的单位。

十、零本期刊原则上只供应单位补缺，仍按第一项规定的对象范围内供应补缺。

上海书店

1973 年 6 月

上海书店关于解放后出版的期刊的分档供应办法

解放后出版的各类期刊，由于国内外形势的变化发展，绝大多数刊物已不宜在门市供应。但这些刊物在不同程度上反映了政治、经济、文化各个领域中两条路线斗争的情况，提供了有用的资料，经过整理成套，在内部供应单位和需要者，仍有一定的研究参考价值，可为阶级斗争、生产斗争和科学实验三大革命运动服务。现经我们初步研究，提出如下分档供应办法：

甲、凭基层单位介绍信供应的期刊。有关科学技术（包括自然科学、工程技术、医药卫生、农林、畜牧及大专学校学报的自然科学类等）、各类报刊资料索引（书目）、文物、考古、棋类、图书馆学和部分音乐、美术、舞蹈以及有关企业管理、财会等方面的期刊，内容涉及现实政治问题较少，主要偏重于介绍专业性知识，一般可凭基层单位介绍信供应。

综合性和群众性刊物亦可供应基层单位。如《中学生》《中国工人》《中国青年》《农村工作通讯》《工人半月刊》《中国妇女》等。

文化教育中的中小教学方面的刊物，一般受修正主义教育路线的影响较多，仅供文教单位教育工作者作批判参考用。如《史学月刊》《近代史资料》《历史教学》《历史研究》《安徽史学》《历史译丛》《中学历史教学》《新体育》《语文》《英语学习》《外语教学》《地理知识》《心理学报》等。

乙、凭县、团级以上单位介绍信供应的期刊。有关政治理论、哲学社会科学（包括大专学报的人文科学）、文学艺术等期刊，内容涉及国内外现实政治问题较多，可以有控制地供应给县、团级以上单位。但有关专业单位和专业个人因工作需要者可不受上述级别限制，凭单位介绍信供应。基层单位如确有需要的，凭单位介绍信也可供应。

甲类刊物目录另附。凡未列入甲类刊物目录的刊物，均按乙类标准对口供应。

有关零本补缺可参照上述二项供应办法处理，又为了保持资料的完整性，对刊物中存在的政治性问题原则上均不作技术处理。过去出版社通知作停售处理的某些刊物的个别刊期，整套刊物中仍予配入。

今后在实际工作中如发现某些刊物不宜发行，或有其它问题，希及时与本店业务组联系解决。

1973 年 6 月

附件：凭基层单位介绍信供应的期刊（甲类）

一、社科、文教类

工、农、青、妇：中学生　中国工人　中国青年　工人半月刊　农村工作通讯　现代妇女　中国纺织工人　西南青年　中国妇女（新中国妇女）

财政、企管、会计：商业译丛　经济译丛　商业工作　经

济学译丛　计划经济　统计工作　计划与经济　会计　新会计　中国经济问题　工商新闻　财政译丛　工业会计　金融研究　重工业通讯　经济研究

文物、考古：文物（文物参考资料）　博物馆译丛　考古（考古通讯）　故宫博物院刊　考古学报　中国第四纪研究

图书馆、棋类：图书馆　图书馆工作　图书馆通讯　象棋　围棋

书目、索引：全国新书目　书目月报　人民日报索引　光明日报索引　大公报索引　解放日报索引　文汇报索引　新闻日报索引　解放军报索引　全国主要报刊资料索引

心理学：心理学译报　心理科学通讯　心理学报

二、文化教育类

语文：语言文学　新文字周刊　文字改革（拼音）　语文教学通讯　语文教学　俄语　俄语学习　外语教学与翻译　外语教学与研究　学英语　语文学习　语文知识　英语学习　中国语文　语言研究　语言学译丛　俄语教学　外语教学　俄语教学与研究

历史类：近代史资料　史学月刊（新史学通讯）　历史教学　历史研究　历史教学问题　文史译丛　北国春秋　山东省志资料　安徽史学　安徽史学通讯　安徽历史学报　历史译丛　史学译丛　史学集刊　中学历史教学　中科历史三所集刊　其它历史资料

地理类：地理　地理知识　地理学报　地理译丛　地理译

报　地理文摘　地理集刊　地理资料

体育类：新体育　体育文丛　国外体育动态

教育类：（各地教育全部在内）

三、文学艺术类

美术摄影　版画　装饰　中国画　陶瓷美术　河北美术　东风画刊　美术　美术研究　人民美术　大众摄影　摄影工作　中国摄影　集邮　音乐舞蹈　音乐译文　音乐译丛　音乐研究　音乐生活　音乐作品　音乐创作　广播歌选　歌曲　解放军歌曲　园林好　长江歌声　人民音乐　舞蹈　舞蹈通讯　舞蹈丛刊

附注：科学技术类刊物不列细目。

编者按：本件主送上海新华书店革委会，抄报上海人民出版社革委会。市店"同意上海书店的供应办法。"

关于古旧书刊复印、补印工作的请示

我店在无产阶级文化大革命运动以前，除了收购和供应古旧书刊外，还兼做一些古书、字帖、旧期刊的复印、补印工作。从 1960 年到 1965 年，我店曾影印过地方志 102 种、古代文学著作 2 种，借用各地保存的古书版片刷印过《嘉业堂丛书》《吴兴丛书》《龙溪精舍丛书》等 19 种，复印字帖 23 种，补印旧期刊《永生》《民主》《周报》的缺期和《东方杂志》1—5 卷。另外还通过商务印书馆上海办事处补印了《丛书集成》初编中的缺书 1100 多种。

这些工作过去是在旧出版局的修正主义路线下进行的。这次无产阶级文化大革命期间，我店革命群众批判了这些工作中存在的错误，这是完全应该的。我们认为，只要在正确路线指引下，经过调查研究，选题谨严，有计划有步骤地对一些社会上确有需要的资料性图书加以复印、补印，不仅可以扩大图书资料的提供，充分发挥我店的特点和作用，而且对民族文化遗产和一部分流传稀少的图书资料的保存也是十分有利的。我店还担负上海地区的古旧书出口任务，如能有选择地复印、补印一些古书、字帖等，也为增加古旧书出口开辟可靠的来源。

我们认为，有些古书、旧书、期刊，如由国家出版社正式重印出版就不一定适宜，但由我店根据需要照原样复印一些，在处理上就比较机动灵活。而且出版社担负的任务比较重，也无暇顾及某些古旧书的复印和某些缺书、缺刊的补印等。这些工作如由我店来做就比较容易解决。最近我们通过研究，对于古旧书刊的复印、补印工作，一致认为还可继续做一些。我们打算在力所能及的范围内，准备逐步开展以下几方面工作：

一、补印缺书缺刊。中华、商务编印的《业务参考资料》第一期中记载有人建议：解放前商务出版的《丛书集成》还有用，可以把未印的分类出齐。补印《丛书集成》未出部分，我店原来有过打算，作过一些调研工作，在1964年打过请示报告。这工作如出版社不考虑做，是否可由我店来做？另外我店曾在1965年通过对各大专院校、省市图书馆等收藏的《东方杂志》存缺情况的调查，补印流传最为稀少的《东方杂志》一至七卷，后因文化大革命运动开始印至第五卷而止。我们打算继续补印第六、第七两卷。

二、复印碑帖。如上海书画社出版的碑帖仍以普及的选字本或以今人书写的初学范本为主，我们仍打算复印一些历代著名书法家的墨迹和较好的拓本碑帖，以供应一般干部和具有一定基础的书法爱好者需要。复印方式仍以胶印为主。因胶印碑帖保持原迹精神上近似珂罗版，而成本却大大低于珂罗版，有价廉物美的优点。

三、复印资料性图书。选择一些流传比较稀少的具有近代现代史资料价值的图书，照原样加以复印，提供有关专业单位研究参考。

四、利用现存木版刷印一些古书。过去我店曾派人在江苏、浙江等几个附近地区，对现存版片作过一些调查，并向各地借用版片刷印过几部大部头的丛书。今后还准备再派人到附近各省调查，如有保存完整的资料价值较大的古书版片，与当地协商借用刷印。

对上述各项工作，如上级领导部门原则上同意的话，我们就立即配备必要的人员，并选定一、二个项目，制订具体的计划进行报批。

是否可行？请批示。

上海书店革命委员会

1973 年 6 月 13 日

编者按：本件主送上海新华书店革委会，抄报上海人民出版社革委会。市店指示："前些时候社党委领导同志谈工作时已口头同意。要另报具体计划。不作复。"

报批补印《东方杂志》和《丛书集成》初编的打算

我店在今年 6 月 13 日曾以上书革业字第 57 号文请示古旧书刊的复印、补印问题，提出准备开展四个方面工作，社党委和书店党委负责同志除复印碑帖已明确由上海书画社去搞外，都已同意我店的意见。现在我店的印制小组已经成立，经过研究，准备先着手《东方杂志》第六、七两卷和《丛书集成》初编未出部分的补印工作。

《东方杂志》商务印书馆出版，1904 年创刊于上海，1948 年 12 月停刊，共出 44 卷，它是我国解放前历时最久的大型综合性杂志。我店曾在 1965 年通过对各大专院校、省市图书馆等收藏的《东方杂志》存缺情况的调查，补印流传最为稀少的《东方杂志》一至七卷。后因无产阶级文化大革命运动印至第五卷而止。《东方杂志》一至七卷出版于辛亥革命前夕，保存了不少我国旧民主主义革命时期政治、经济、文化等各方面的历史资料，对研究我国近代史有一定参考价值。

《丛书集成》初编于 1933 年开始分期分批出版。后因抗日战争爆发停止，商务印书馆的《丛书集成初编目录》的凡例中说："我国丛书号称数千部……其名实相符者，不过数百部。兹就此数百部中，选其最有价值者百部为初编""初编丛书百部之选择标准，以实用与罕见为主；前者为适应需要，后者为流传孤本。"根据我们在无产阶级文化大革命运动前初步摸下来的情况看来，辑入《丛书集成》初编的一百部丛书，像上海图书馆那样的藏书单位，尚缺少二十余种；而且即使已有收藏的 70 余种，其中残缺、烂版、破损的又占了一半以上。无产阶级文化大革命运动前直至最近，学术界都有人建议补印《丛书集成》初编未出部分。这一工作对保存古书、方便文史研究工作者参考使用上都有着一定意义。

现将我们拟订的《补印〈东方杂志〉第六、七两卷的打算》和《补印〈丛书集成〉初编未出部分的打算》报批，并附我店影印的《东方杂志》精装本样本一册，原商务出版的《丛书集成》初编另册影印和排印的样本各一册，我店过去整理重编的《丛书集成初编目录》(末附《丛书集成初编未出书名索引》)一册，请了解。

又，无产阶级文化大革命前我店原有古旧书刊复印、补印工作资金 164000 元。此项工作停止后曾上缴 9 万元。现我店的古旧书刊复印、补印工作仍将进行，上缴部分资金希仍能拨回给我店使用。

是否可行？请批示。

上海书店革命委员会

1973 年 8 月 8 日

补印《丛书集成》初编未出部分的打算

解放前商务印书馆出版的《丛书集成》初编，共选宋元明清四代的丛书一百种，收辑的图书原约六千种，去其重复，实存四千一百余种。原计划分订四千册。于1935年开始分期分批陆续出版，后因抗日战争爆发停止。一共出版了七批计3467册，未出版的一千余种533册。其出书体例主要有以下各点：

一、一书分见于几种丛书中，详略不一的，选取最足的本子。同属足本，无校注的，取最前出的本子；有校注的，取最后出的本子。

二、每书前面均加简短的出版说明，说明所选丛书中哪几种收有本书。根据影印或排印的是哪种本子，以及采用这一本子的原因等。

三、一书分见于几种丛书的，经选定采用的本子后，凡其他本子中的序跋附录等，为选定本所无的，一律补印于书后。

四、一书分见于几种丛书的，选用时几种本子均经对勘，凡有异文，均附异文校勘表于书后。

五、排印各书，一律断句，用五号字。

六、各书篇幅多少相差很大，出版时尽可能以一书自成一册为原则。篇幅过多的，分装各册从厚，使一书分订的册数不致过多；篇幅过少的，装册从薄，使一册合订的种数不致过多。

《丛书集成》已出版部分有排印、影印两种，但多数是排印本。我们补印时，一律采用影印方式。因此上述商务原来的一些体例和做法，除第五点外，其余都是可以采取的，为了保持全书体例上的一致，如没有特殊原因，这些做法就没有必要再去变更。补印本的开本、封面装订等也都依照已出部分的式样。版权页印明"上海古籍书店补印"，去掉封底商务标记和封里"主编者王云五""商务印书馆发行"字样。补印工作的具体进行步骤如下：

一、摸清版本情况。第一步必须摸清未出部分图书版本情况，做好记录，如一书有几种本子，有多少卷多少页，版面清楚与否，有无缺页、缺卷等情况；同时简要说明图书的内容和所属类别等。这工作在无产阶级文化大革命前我们已做了一部分，在今年内争取把这部分工作做完。对已建卡做好记录的，再给复核一遍，尚未建卡做好记录的，组织人员到本外埠有关藏书单位继续摸清版本情况，建卡做好记录。

二、根据图书的内容性质，确定补印出版的先后，一般以内容无问题，流传少，资料性强，版本不多，部头不大的先印；内容一般，参考价值不大，或虽有参考价值，但内容比较复杂，须经慎重研究的，以及本子较多，须经对勘的，都放在后面印，有的甚至不印。

三、根据图书的类别、页数，确定分订的册数和合订的种数。商务已出部分，每书都有一书号。原计划全书分订4000

册，共有 4000 个书号，补印部分是否要去凑足 4000 个书号，尚须研究。由于补印全部采用影印方式，装订的册数较商务原计划的 533 册势必增多，因此书号安排上有很多困难。

四、在进行以上几项工作的同时，积极争取在今年内能试印五、六种，以取得经验，并通过试印，在发行上作些调查，了解学术文化单位的需要和对这一工作的意见，以便今后整个补印工作更有计划地进行。试印的选题和印数、估价、用纸数量、发行办法等确定后当另行报批。

上海书店革命委员会

1973 年 8 月 8 日

补印《东方杂志》第六、七两卷的打算

《东方杂志》我店已补印出版一至五卷，第六、七两卷仍依照原来的办法印制。

一、《东方杂志》一至七卷原书都是 32 开本，为了节约纸张和人工，已补印出版的一至五卷改印大 32 开本，第六、七两卷开本应与一至五卷统一，仍印大 32 开本。

二、书内插图仍按原图一色印，用纸改为 70 克胶版纸。

三、书内广告插页已补印出版的一至五卷均未印入，为了统一体例，六、七两卷原则上亦不予印入。

四、正文用 850×1168 毫米凸版纸，封面用 120 克胶版纸。

五、印数第六、七两卷各印 800 套，其中平装 300 套，精装（每卷装 3 册）500 套，估计需用 52 克 850×1168 凸版纸 120 令，120 克 787×1092 胶版纸 5 令，70 克 787×1092 胶版纸 10 令。

六、售价每卷估计平装 18 元，精装 22.50 元。

上海书店革命委员会

1973 年 8 月 8 日

编者按：本件（三个打算）主送上海新华书店党委，抄报上海人民出版社党委。市店答复"请出版社考虑明年出版用纸计划时再研究。"

关于我店四川北路门市部拒绝供应《列宁选集》另卷的情况汇报

　　7月28日上午十时左右，有二位青年到我店四川北路门市部买书。起先买了一本《资本论》第二卷，后来他又要求购买《列宁选集》第一卷。那天正好专管马列著作的营业员不在，由新艺徒以及收银员接待，由于他们不了解马列著作和毛主席著作的多卷本可以拆售，就答复读者说：因全套的马列著作需要的读者多，故不单卷出售，同时请读者留下姓名地址，以便我们今后收购到单卷本时再供应他。但读者对营业员的答复表示不满，认为没有解决他的问题。因此引起一些争论。当时读者围观较多，影响门市秩序，所以请他到里面谈话。后来该门市部其他同志也从外面回来，参加了谈话，当时该青年读者很激动，表示要到新华书店市店去反映。事后据了解，这二位读者曾跑过几个书店门市部，都没有配到《列宁选集》第一卷，因此他是抱着非要买到的心情来的。后来经过读者的批评和市店的指出后，我们在当天下午就将《列宁选集》第一卷供应给他了。

　　关于马列著作多卷本可以拆售的问题，过去市委领导同志曾专门有过指示。我店四川北路门市部所以会发生这一事件，主要是由于我们对领导的指示贯彻不力，没有政治挂帅，缺少对门市工作同志进行经常的思想政治工作。在这一事件发生以后，我们已组织四川北路门市部的同志进行了两次讨论，认识到我们书店应坚持无产阶级政治挂帅，全心全意为工农兵服务，今后应耐心做好对读者的宣传接待工作，在他们确实需要马列著作的单卷本时，也应拆售给他。对回收的其他马列著作多卷本，也应按照同样原则办理。通过这一事件，我们对其他几个门市部的同志也再一次重申了上级关于马列著作和毛主席著作可以拆售的指示。

此外，据我们了解，不久前印刷厂有一批《列宁选集》第二、三卷因印制质量较差，在单位内部供应过，因此读者到各门市部要求补配第一、四卷的也常有发生。为此，市店能否单发一些第一、四卷给我们，或建议出版社、印刷厂在下次再版时适当多印一些第一、四卷？请予考虑。

上海书店革命委员会

1973 年 8 月 8 日

编者按：本件主送上海新华书店革委会。市店领导请基层组、社科组阅，"《列宁选集》一、四卷的供应问题，请社科组研究答复。"社科组："已阅。并向印刷公司了解，新华、群众印刷厂只有极少数（约 10 多本），但也是各厂交换成套发至班组，个人不好买。是否要加印第一、四卷，目前没有较大反映，不必要加印。""已由丁之翔同志转告上海书店暂不加印。"

关于我店附属统一装订厂方向任务的请示报告

我店于 1956 年建店之初，由于修补装订旧书和装订成套旧期刊的需要，即成立了旧书装订小组，人员从三、五人逐步发展至一、二十人。1960 年底，在旧出版局的筹划下，在装订小组的基础上，将原属印刷公司的统一装订厂和新亚印刷厂并入，又从新华书店等单位调集六、七十人，成立了一个共有一百二十多人的独立经济核算的统一装订厂。当时该厂任务除装订旧书、期刊外，还印刷部分木刻本古书。但由于任务不足，人员过多，第一年即亏损数万元。1962 年起，为了扭转这一局面，经请示原出版局同意，一方面紧缩人员编制（减至八十人左右），一方面承接外单位图书资料委托装订业务，其中有本市各研究所、大专院校、工厂、医院等一百二十余户。从 1962 年第四季度起即转亏为盈，1963 年至 1965 年每年可上缴利润数万元至十几万元。

1966 年无产阶级文化大革命以来，内部旧书期刊装订暂时停止，外单位委托装订也有所减少，装订厂曾接受印刷厂的任务装订了一部分新书。自 1972 年以来，由于老弱退休等原因，人员逐步减少，到目前为止已只有 43 人（其中有 2 人外借，1 人长病假，实际 40 人）。厂址也从原旅顺路迁至福建中路，厂房比以前缩小一半。统一装订厂目前任务，仍以装订内件（书店内部的成套期刊）为主，兼接外件（外单位委托代订图书资料）为副。1973 年上半年共装订精装本书刊一万八千多册（其中外件占三分之二），平装本近二千册。财务情况略有盈余。

但是，统一装订厂目前在方向上存在着很大问题。这主要是：人员大多年老体弱（全厂平均年龄 47.9 岁），在明、后两年内需退休的就有五、六人。缺少青年接班人。如不补充人员，必不能维持原有任务。因此有一种意见，是否可以专装内件，不接外件？但这样一来，有些经常依靠我店代装资料的单位，由于社会上很少有其他工厂可以代替，必然会提出意见。为此我们对该厂的今后方向问题，曾进行了多次讨论，归纳起来有三种意见，拟提请领导指示决定。

一、继续维持现有规模和任务。如果这样就需要在今明两年内补充青年接班人五至十人。

二、任其自然，逐步缩小。这就是按照逐年退休后的人员编制状况，量力而行，除必须完成的内件装订任务以外，逐步压缩外件装订。

三、认为我们书店的附属厂不一定要担负承接外单位装订业务，可以专装内件。自明年某个时候起，斩断外件装订。这样，人员大致可以缩编为二十人，多余人员由书店业务部门妥为安排。

此外，如上级领导认为可以依第二或第三点意见办理，则我们建议最好由印刷装订工业部门或其他行业来担负起社会上要求装订图书资料的任务。

以上请示请批复。

上海书店革命委员会

1973 年 10 月 10 日

编者按：本件主送上海新华书店党委、革委会。在"收文处理单"的"处理情况"栏中，丁之翔同志写道："经请示，基本上同意该店所提出的第一点意见。继续维持现有规模和任务，今后根据逐年退休人员的数量适当考虑增加一些接班人给该厂。老洪所提问题经有关人员研究，无论从人力和厂房等看，暂时均无法解决。故暂不考虑。老季、老洪批示已通知上海书店老阎。本件归档。"未显示"老洪批示"内容。

请对加强古旧书收售工作提出意见

上海新华书店：

为了更好地批判吸收祖国文化遗产，贯彻"古为今用"的方针，研究和解决古旧书收售工作中存在的一些主要问题，我们准备在请示上级同意后，邀请部分省（市、自治区）的古旧书店，开一次小型古旧书业务座谈会。通过座谈，交流一下古旧书收售业务中的情况、经验和问题，并在此基础上制订一些原则意见，以利今后古旧书收售业务的开展。为了给计划召开的座谈会作好准备，我们意见请北京市的中国书店和上海市的上海书店，根据实际工作中的体会，分别起草一份《关于加强古旧书收售工作的意见》（内容可以包括古旧书收售工作的方针任务，网点设置，人员配备等方面），和按解放前、解放后出版的古旧书，分别制订一个《收售暂行办法》（两个办法的内容，可以包括收售价格，发行范围，发行方式，审查标准等方面），作为会议讨论时参考。希望你店能通知上海书店，请他们安排力量，协助起草，争取在十一月十日前能把初稿寄给我们，以便向上级请示，争取尽早召开这个座谈会。有什么情况和问题，请你店和上海书店与我们联系。

新华书店总店

1973 年 10 月 22 日

编者按：上海市店 10 月 26 日收文，10 月 30 日在"处理情况"类写着："已通知上海书店起草准备"，11 月 27 日"已于 11 月 27 日寄总店。"

上海书店关于加强古旧书收售工作的意见

一

毛主席教导我们："历史的经验值得注意。一个路线，一种观点，要经常讲，反复讲。只给少数人讲不行，要使广大革命群众都知道。"上海书店（原称上海古旧书店）是在一九五六年在党和政府的重视关怀下成立的。长期以来，它同其他一切文化领域一样，存在着尖锐复杂的阶级斗争和路线斗争。……

……广大职工……学习了毛主席关于批判地继承文化遗产和"古为今用"的指示，克服了在部分同志中一度存在的"文化工作危险论"的影响和认为古旧书对社会主义已无作用的错误思想，特别是在 1971 年全国出版工作座谈会期间，毛主席亲自批准了《二十四史》和《清史稿》的整理出版，对大家教育、鼓舞很大。最近几年来，我们在上海市委和上海人民出版社党委的正确领导下，根据全国出版工作座谈会精神，在清理存书的基础上开放了大部分古旧书刊，原有的古籍书店也已恢复。

在无产阶级文化大革命中，我们的古旧书收购工作基本上没有间断过，这对保存和发掘我国文化遗产起了一定的作用。在此期间我们曾收到了稀见的珍本善本古籍 60 余种，如明刻本《虔台舆图要览》《惠州府志》《龙飞纪略》《皇明世法录》《三朝要典》，明铜活字本《沈佺期集》《皇甫曾集》，以及一批抄宋本中医书等。去年我们还在上海郊区流动收购中发现了十余种从明代坟墓中发掘出来的说唱词话，为我国的古代文学史研究提供了一批从未见过的资料。但是，由于我们的阶级斗争和路线斗争觉悟不高，我们在工作上还存在着不少缺点和问题，特别是在方针任务、审读把关、价格工作等方面，都还有待于进一步明确和改进。

二

"思想上政治上的路线正确与否是决定一切的"。我们一定要牢记党的基本路线，坚持"为无产阶级政治服务，为工农兵服务，为社会主义服务"和"古为今用"的方针，积极做好古旧书收购供应工作，充分发挥我们古旧书店应有的作用。我们认为古旧书店的任务和作用主要有这样几个方面：

一、宣传马克思主义、列宁主义和毛泽东思想。图书发行工作的根本任务是"宣传马克思主义、列宁主义和毛泽东思想，宣传毛主席的无产阶级革命路线，批判资产阶级，批判修正主义"。古旧书店主要是通过对马克思、列宁主义经典著作，优秀的政治理论读物、革命文艺和其他有政治教育意义的各类图书的回收与再发行来实现这一任务的。

二、为阶级斗争、生产斗争、科学实验三大革命提供各种图书资料。经过古旧书店收集、整理的各类图书资料、整套期刊等，很多是为三大革命运动服务的有用资料。如我们书店从

1956 年以来，收购和供应了反映中国共产党两条路线斗争历史的稀少的党史资料达一万余册，无产阶级为了社会主义革命和建设事业的前进，必须对旧的传统观念，对错误的思潮和学派，进行斗争和批判。古旧书店也为这种斗争和批判提供各种图书资料。

三、有利于民族文化遗产的发掘、保存和批判继承，对社会主义文化建设有促进作用。我国是一个历史悠久，拥有丰富文化典籍的国家。毛主席一再谆谆教导我们，要我们尊重自己的历史，不要割裂历史，要学习和清理历史文化遗产。毛主席曾经指出："中国的长期封建社会中，创造了灿烂的古代文化，清理古代文化的发展过程，剔除其封建性的糟粕，吸收其民主性的精华，是发展民族新文化提高民族自信心的必要条件；但是决不能无批判地兼收并蓄。"因此，对散存在社会上的古旧书进行广泛收集、整理，并有批判地加以深入研究和充分利用，对于正确了解我国历史文化的发展过程，促进我国社会主义文化建设有着重要意义。我们书店从 1956 年以来，收购到大量古书，其中稀少的具有文史资料价值的宋、元、明、清各代的珍本善本古籍就有五千余种，对古代文物图书的保护、保存也起了一定的作用。

四、提高书刊利用率，扩大书刊发行效果，节约国家印刷出版费用。图书、期刊通过古旧书店的不断回收与再发行，使书刊得到多次利用，等于增加了书刊的出版发行数量，扩大了书刊的出版发行效果，相对地为国家节约了书刊的出版发行费用。

五、为国家逐步清除旧社会遗留下来的坏书，杜绝反动、淫秽、荒诞书刊的流传。对旧社会遗留下来的坏书，特别是已经国家列目查禁的书刊，古旧书店通过收购工作可以逐步予以清除，杜绝它们的流传，不使它们毒害人们。当然，对这部分图书处理时还必须郑重，不要轻易报废。譬如对研究现代史有用的反面资料，有关的专业单位有特殊需要时，还是可以通过一定的手续给予供应。

三

当前在党的十大精神鼓舞下，形势一片大好。我们书店一定要坚决响应十大的战斗号召，迅速跟上形势，做好各项工作。现对加强今后我店的古旧书业务工作提出以下一些初步打算和意见。

一、认真学习马列著作和毛主席著作，学习党的十大文件，……进一步划清正确路线和错误路线的界限。在业务工作中，要正确处理好政治与业务的关系，红与专的关系等等，在毛主席的革命路线指引下，认真做好古旧书的收购供应工作。

二、组织力量，深入各地，大力开展古旧书收购工作。当前各条战线对古旧书刊的需要十分迫切。为了适当满足各方面的要求，我们要千方百计开辟古旧书来源，除门市设点收购外，还要组织力量，深入到工厂、机关、学校和郊县城镇去收购。过去我们在全市各废品回收站抢救尚有资料和阅读价值的书刊，效果很好，今后仍要坚持下去。此外，还要视力量许可，每年几次派人到其他省、市去收购，在收购时要与当地兄弟店密切配合，相互协作。为了扩大收购影响，要通过招贴海报等办法，向群众宣传回收古旧书刊的意义。

三、依靠群众，加强图书审读把关工作。古旧书内容情况复杂，一定要经过审读，根据不同的内容情况，采取不同的供应方式。审读把关要发动群众（收购、门市、栈房各个环节的同志）共同来搞，还要依靠社会力量，如加强与出版社、图书馆和有关专业单位的联系，请教工农兵读者等。工农兵是文化革命的主力军，特别要听取工农兵对审读工作的意见，在这方面要闯出一条路子来，逐步取得经验。由于图书审读的政策性很强，要经常向上级领导部门请示汇报。目前我们还没有一个比较完善的审读标准和办法，要在今后实践中总结经验，逐步解决。

四、制订合理的收售价格，促进古旧书收售工作的展开。古旧书价格在社会主义制度下要保持适当的稳定，但在供需情况变化时，也应作适当的调整。当前古旧书刊供不应求，收少于售，我们准备对部分确实过低的古旧书价格有计划地适当提高，以利于促进收购，更好地为工农兵服务。但不要普遍的提高，幅度也不要太大，以免造成不良影响。今后我们还要主动加强与北京和各地兄弟店的联系，互相通气，交流情况，使主要图书的价格能比较一致。

五、加强调查研究，实行开门办店，不断改善服务态度，提高服务质量。目前图书供需矛盾比较突出，特别要求在供应工作中加强调查研究，注意"对口"供应，做好主动推荐和合理分配，防止盲目采购，把古旧书刊真正送到最需要的单位和读者手中去。我们每一个书店职工都要想工农兵所想，急工农兵所急，全心全意为工农兵服务。要在"三服务"方针指导下，为读者找书，为书找读者。我们还准备选择一部分比较好的和有参考价值的图书开辟阅览室，办理租借，以充分发挥这些图书的作用。此外如办理缺书登记、配补期刊缺期等都要逐步开展起来，增加服务项目。

六、有选择地补印、复印一些有资料价值的古旧书刊，供应有关专业单位需要。对一些专业单位确有需要的有资料价值的古书、旧书、期刊等，出版社一时无暇兼顾或不宜出版的，我店拟通过调查和适当选择，制订选题计划，报上级领导部门批准后，逐步补印和复印。

七、在无产阶级政治统帅下，提倡又红又专，培养古旧书业务的接班人。古旧书的收购、整理和供应工作比较复杂，有些业务知识如鉴别版本、修补古书等，要花较多时间才能学会。近几年来我店有许多老年职工退休了，拟建议上级领导部门给我们适当补充新生力量。我店拟通过举办讲座、师傅带徒弟等办法，并通过具体业务实践，来培养古旧书业务的接班人。

毛主席教导我们："要抓意识形态领域里的阶级斗争"。当前意识形态领域里两个阶级、两条道路、两条路线的斗争还是很激烈的。我们要遵照毛主席的教导，牢记党的基本路线，提高警惕，时刻注意社会上和我们店内的阶级斗争动向，对古旧书业中的一些重大问题，都要随时向上级党政领导部门请示汇报，主动争取上级领导部门加强对我们的领导。我们要坚持批判资产阶级，批判修正主义，坚持以无产阶级政治统帅业务，沿着毛主席的无产阶级革命路线前进，为把我们上海书店办成真正为巩固无产阶级专政造革命舆论的宣传阵地而奋斗。

1973 年 11 月 10 日

上海书店关于古旧书刊审读分档供应的暂行规定

　　古旧书刊的内容情况比较复杂，为了认真贯彻"为无产阶级政治服务，为工农兵服务，为社会主义服务"和"古为今用"的方针，对收购进来的古旧书刊，要经过审读和整理分档以后，再进行供应。为了做好这一工作，暂作如下规定：

一、公开发行的书刊

　　1. 新华书店门市公开发行的图书（包括售缺不再版的）；

　　2. 无产阶级文化大革命以来出版的期刊（有政治性问题的技术处理后门售）；

　　3. 凡无出版社处理通知的解放以后出版的图书，未发现有政治性问题的，如《敦煌遗书总目索引》（商务印书馆 1962 年版）、《百花图案集》（黑龙江美术出版社 1963 年版）等；

　　4. 科学技术书刊，前言、后记或个别章节中有政治性问题的，可作技术处理后门售；

　　5. 我国民主主义革命时期进步作家的部分较好的作品，如《子夜》（茅盾著）、《闻一多诗文选集》等；

　　6. 在历史上有一定进步意义的中外古典文学名著，如《儒林外史》（吴敬梓著）、《伊索寓言》、《唐吉诃德》（塞万提斯著）、《高老头》（巴尔扎克著）、《死魂灵》（果戈里著）等；

　　7. 翻译出版的外国古典哲学、社会科学著作，如《未来

哲学原理》(费尔巴哈著)、《法意》(孟德鸠斯著)、《国富论》(亚当·斯密著)等;

8. 解放前出版的古代著作,除清末著名反动人物著作,封建糟粕较多的笔记小说、章回小说、戏曲和内容严重涉外或纯粹宣扬迷信及有荒诞、淫秽内容的以外,一般具有文史资料价值的都可以门售(书内有现代著名反动人物题词和出版者附加的宗教宣传文字等,需作技术处理后门售)。

二、只限国内发行的书刊

1. 出版社明确规定"只限国内发行"的图书、期刊;

2. 非出版社出版的一般科技图书,如《俄华对照医用药物名词》等;

3. 校内发行的大专科技教材和中学数理化课本;

4. 一般涉及对外政策问题,不能作技术处理的书刊,如《南斯拉夫修正主义是美帝国主义的工具》等;

5. 规定不能出口的 1911 年以前的木刻本和铅石印本古书,以及 1911 年以后出版的国内存量较少的大部头丛书、类书。

三、内部发行的书刊

甲、凭单位介绍信供应基层以上单位和有关专业工作者的书刊

1. 出版社通知规定内部凭证发行的图书;

2. 单位内部编印的非正式出版物，印有"内部资料"等字样的技术资料、产品样本、产品目录等；

3. 文化大革命以前出版的未经出版社通知处理的图书，有阅读参考价值，但内容有某些错误，而又无法作技术处理的；

4. 解放后出版的科学技术、文物、考古、棋类、图书馆学、企业管理、财会、报刊资料索引和部分社科、文教、艺术等方面的整套期刊以及内部供应的解放后出版的期刊零本（社科、文教、艺术类一般供应确有需要的单位）；

5. 古书中的地方志、边疆史地资料、近代史资料（包括反面资料）和有严重涉外内容的其他古代著作。

乙、凭单位介绍信供应省军级以上机关、大专院校和其他专业单位及确有需要的领导干部和专业工作者的书刊

1. 出版社通知从严掌握的内部图书；

2. 新华书店规定供应省军级以上机关、大专院校和其他专业单位以及专业工作者的图书；

3. 无产阶级文化大革命以前出版的党史、革命回忆录和其他具有党史资料价值的书刊，如《中国新民主主义革命时期通史》《星火燎原》《红旗飘飘》《革命烈士诗抄》等；

4. 报刊公开批判的毒草小说，如《上海的早晨》《东风化雨》《战斗的青春》等；

5. 作者或编者系反动人物，其作品内容有资料价值或可作反面教材的图书，如《没有武器的世界——没有战争的世

界》(赫鲁晓夫著)、《大战回忆录》(丘吉尔著)、《中国政治思想史》(陶希圣著)等;

6. 图书内容歪曲马列主义基本原理,宣扬修正主义及与党的对内对外路线政策严重抵触的,但尚有批判、研究、资料价值的,如《马克思列宁主义美学原理》(别列斯基涅夫等著)、《平凡的真理》(冯定著)、《世界知识词典》等;

7. 内容有淫秽、荒诞、迷信、凶杀、恐怖描写,但尚有一定资料价值的图书,如《十日谈》(卜伽丘著)、《挂枝儿》和福尔摩斯侦探小说等;

8. 解放后出版的有关政治理论、哲学、社会科学(包括大专学报)、文学艺术等整套期刊和解放前出版的各类整套期刊(包括零本补缺)。

丙、供应国家中心图书馆、革命纪念馆和其他文物保管单位的书刊

1. 全国解放前中国共产党和党所领导的人民政权、军队和革命群众组织,在各个革命历史时期公开和秘密出版的书刊、传单等宣传品和革命烈士、革命作家的手稿、墨迹等;

2. 中国共产党中央领导同志的信札、手迹、早期作品和有关记载他们早期革命活动的书刊;

3. 宋、元、明、清各代的珍本,善本古籍,包括流传稀少具有文史资料价值的刻本、稿本、抄校本和有版画艺术价值的带图刻本等;

4. 有关太平天国、捻军起义、义和团起义等流传稀少具有近代革命史料价值的图书、文物等。

四、封存书刊

1. 列入《反动、淫秽、荒诞书目录》的书刊;

2. 国家虽未列目查禁，但符合反动、淫秽、荒诞书刊处理标准的书刊。

1973 年 11 月 10 日

编者按：上列二个文件由上海新华书店主送新华书店总店。

告我店出售图书分别二种收款章

我店所属古籍书店于今年三月恢复业务以来，外宾和国外侨胞来店购书的较多，也有国内读者购书后寄往国外等情况。他们在我店门市部或外宾接待室购买的图书，都是经过审查可以出口的，发票上所盖收款章如下式：

又，我店内部供应的图书，都是不能出口，恐有国内读者购书外寄的情况，请予掌握。凡内部供应图书收款章如下式：

以上收款章自今年 9 月 20 日起使用。在 9 月 20 日以前，收款章店名为"上海书店"，凡门市供应（可出口）的收款章下角有一个"5"字符号，内部供应（不能出口）的收款章下角有一个（古）字符号，望一并了解。

上海书店革命委员会

1973 年 11 月 15 日

上海书店关于打击旧书非法市场的情况汇报

在福州路上，从古籍门市部和外文书店到杏花楼之间，从1971年起，就开始出现了三三两两交换旧书，以至套购转卖，抬高书价，牟取暴利，出售禁书，散布黄色毒素，日久形成了一个非法买卖旧书的市场。每天上午八时半到十一时，便是这个非法市场的活动时间，星期天上午则是高潮，少则三、四十人，多至百余人，三、五成群地进行交易活动。

在这个非法市场中，有些人是为了寻找一部分书籍而加入，也有一些人为了个人多卖一些钱而进行买卖，但是有一小撮坏人混迹其间，趁机抬高书价，牟取暴利，进行投机倒把，甚至还买卖黄色反动书刊，毒害青年。对此情况，广大人民群众意见很大，有不少人写信给报社或我店要求处理，我们也曾于去年9月21日、今年10月15日书面报告上级党委和市公检法、黄浦区民兵指挥部、市场管理所等单位，并多次口头汇报。黄浦区市场管理所和我们也曾采取过一些行动和措施，但尚未收到良好效果，而这些人活动的方法和手法却更隐蔽了，从公开进行交换和买卖，改为不带书籍、互相交换或开列书目、约定时间、地点进行交换和买卖。

这些人的活动方法大致有这么几个方面：

（1）沿路拦阻到我店出让书籍的读者，强行买书。

（2）有些人到我店购得书籍后，将书籍后面的标价图章擦去，照原价出卖或搭配其它书籍出让。

（3）非法买卖内部书籍，如《蓬皮杜传》《阿登纳回忆录》等，以及我店内部供应的旧书，还有反动、淫秽、荒诞书籍，如《火烧红莲寺》《江湖大侠》等，甚至还有人出让装订好的《参考消息》。

（4）哄提书价，进行投机倒把。

如一部最近出版的《红楼梦》以 7.60 元出售（原价 3.80元）。俄国托尔斯泰著的小说《安娜·卡列尼娜》旧书定价为2.50 元，非法市场以 20 元出售。法国大仲马著的《基度山恩仇记》竟高达 60 元出售。内部发行的《阿登纳回忆录》三、四二册原价为 2.80 元，他们出售为 4.20 元，此类书售价都比原价高达 50% 到百分之几百出售。一小撮投机倒把分子掌握了一些人追求黄色、下流的口味，书的内容越坏，售价就越高；有时不是以册命价，而是以页说价，一般武侠小说一页售价人民币一分，黄色小说一页高达二分。这些人的活动不仅影响了交通，而且还严重地破坏了社会治安。

为此，于 10 月中旬，在黄浦区民兵指挥部的重视下，我店也积极进行配合，一起在现场了解，经过二星期的工作，初步摸清犯罪分子的活动情况，并掌握了一部分重点对象。在 11月 4 日上午出动了民兵，进行冲击，当场查获在场活动的对象三十六名，加上行动前后扭获的六名对象，共查获了四十二个人。这些人中有在职职工、教师、闲散人员、社会青年及学生。其中查明有犯过罪判过刑的坏分子二名，有严重政治问题受过处分或犯过其它严重错误的六名。在这次冲击中查获了大量旧书，据我们初步统计，其中国家已列目查禁的反动、淫秽、荒诞书籍74本，如《火烧红莲寺》《金如意》《鸳鸯泪》《鹰爪王》《昆仑剑》《女屠户》等。此外还有内部严格控制供应的书籍63本如《红玫瑰》杂志，《施公案》《济公传》《金国玉环记》《荡寇志》《最新交际大全》等。还有最近出版的内部发行图书及文化大革命前出版的供批判的旧书共几百本，如《白轮船》《他们为祖国而战》《阿登纳回忆录》《苦斗》《三家巷》《上海的早晨》《东风化雨》《梁山伯与祝英台》《战斗的青春》等。还有不少黄色、反动、荒诞、淫秽书籍及其它内部书籍，黄浦区民兵指挥部正在追查中。

这次黄浦区民兵指挥部采取的革命行动，是件大快人心的事。通过这次冲击和调查，我们深深认识到在我店周围出现的这个非法买卖旧书的市场，并不是一般的投机倒把和扰乱社会秩序的犯罪活动，而是一场在思想文化领域的严重阶级斗争，也是一场资产阶级复辟和无产阶级进行反复辟的严重斗争，是一场争夺革命事业接班人的斗争，我们必须提高到巩固无产阶级专政和保卫社会主义江山永不变色的高度去认识。我们虽然配合黄浦区民兵指挥部采取这次冲击取得了一些成绩，抓到了一小撮犯罪分子，查获了一部分黄色反动书籍，但是阶级斗争是长期的、尖锐的、复杂的，不是一次采取行动所能解决的，今后还可能再发生此类情况，我们必须继续和进行狠狠打击。同时，我们对内部书籍的供应，应注意掌握，避免流到一小撮坏人手中去进行投机倒把和毒害人民的犯罪活动。另外在这次冲击中，我们发现也有一部分人是出于想看一些书而参加到这个市场中的，我们建议出版社能多出书，多印书，以满足社会的需要，同时，我们书店要努力做好图书的分配和发行工作，让无产阶级的革命图书牢牢占领思想文化阵地。

（上海新华书店党委办公室《发行简报》

第 52 期 1973 年 11 月 21 日）

请适当调整和规定对古籍书店图书分配的比例

我店原有古籍门市部，已经上级同意正式恢复"古籍书店"名称，同时还设立了内部供应和首长接待室、外宾接待室。根据七二年全国出版工作座谈会期间中央领导同志讲话精神，凡是门市部陈列的图书品种，都应是可以供应外宾的，因此占古籍书店存书最大部分的木刻本古籍，由于不能出口均不能在门市陈列，而铅石印本古籍解放二十多年来已日益减少，因此古书来源已大成问题。为了更好贯彻"古为今用"和"三服务"的方针，除了加强古书收购外，我们希望今后出版社重印的古籍在古籍书店能做到品种较为齐全，数量也适当多一些，这对于方便广大工农兵和有关专业读者购书是有利的，对于向外宾宣传我国古代优秀文化遗产和党的批判地继承古代文化的政策也是有利的。最近我们接到市店综合业务组《业务通知》第46期《关于对个别店调整图书分配比例的说明》，了解到市店对我店的情况和要求已经作了考虑，但具体分配比例数尚未作相应规定。我们希望，今后能否把比例数定下来，例如：凡属我店经营范围的图书（已见上述《业务通知》第46期），其中属于重印、影印，包括加工整理重印的古籍（如标点本《二十四史》《资治通鉴》《古诗源》等）以及内容专深、对象较窄的今人对古籍的研究著作（如《柳文指要》《甲骨文编》等），其分配比例可达到10%左右，一般的古籍选本、今译本和通俗普及的编著（如《史记选》《中国古代思想史》等），则不少于5%。同时，出版社规定作内部发行的新版古籍（如最近出版的《容与堂本水浒》，我店未发到），希望也能向我店分配一部分，以供应有关专业单位和首长需要。是否可行，请市店有关部门研究批复。

上海书店革命委员会

1973 年 12 月 27 日

编者按：本件主送上海新华书店革委会。市店办公室"请综合业务组提出意见，再在常委会上作次研究。"最终提出的处理意见为："北京新华与中国书店关于新印古籍发行分工是凡属古籍重印、影印，如标点本《二十四史》等书的发行，以中国书店为主，占全市新书的60%，新华发行40%，一般古籍选本，如《通鉴选》等书，以新华为主，占到货的90%，中国书店占到货的10%。根据上海的具体情况，上海书店提出属于重印、影印的古籍发给他们10%左右，一般古籍选本发给他们5%左右的意见，似还是可以的。"

送审《1974 年印制工作计划初稿》

在市委领导同志提出我店可恢复印制工作的意见后，去年 8 月 8 日，我店曾以"上书革业字第 69 号"文上报补印《东方杂志》第 6、7 两卷和《丛书集成初编》的补印打算。后来出版社的领导明确《丛书集成初编》的补印工作不搞，同意补印《东方杂志》第 6、7 两卷。但由于纸张、印刷的安排和资金等问题均未解决，我店的印制工作仍未能开展。去年 8 月份为了做好印制《东方杂志》6、7 两卷的准备工作，曾向复旦大学、上海师大、上海图书馆等单位借了这两卷进行核校。最近，他们反映有些教师要借阅《东方杂志》作参考，要我们早日归还，并希望早日影印出书。因此，我们希望能在第一季度内安排《东方杂志》第 6、7 两卷的复印工作。

通过"十大"文件的学习，我们进一步认识到我店的印制工作一定要在党的基本路线指导下，坚持"三服务"方针。通过研究，我店印制工作的书刊选题范围应该是：（1）具有资料价值的古书、旧书、期刊，无反动、黄色内容，并经调查研究，一部分单位和读者确有需要的；（2）流传较少，有利于文化遗产保存和批判继承的；（3）出版社不宜正式出版或一时不考虑出版的；（4）一般可照原样复印，不需作较大编辑加工的。根据这一原则，我们最近在调查研究的基础上拟定了1974 年的印刷工作计划（见附件），拟印制的书刊有：

一、复印《东方杂志》第6、7两卷后继续印制《东方杂志》第8卷至第16卷，即1911年3月至1919年12月之间出版的刊期，去年12月我们向全国主要文教单位发了征求印制选题的调查信260封，现已收到回信近100封，绝大多数单位要求继续印制第8卷至16卷。不少省市大型图书馆虽藏有《东方杂志》，但缺期较多。有的单位要求购置两套甚至五套。回信中一般都认为，《东方杂志》对研究近百年来的政治史、经济史、文化史等方面均有一定的参考价值。

二、《草字汇》。我店门市平日要求购买《草字汇》《六书分类》《四体大字典》等的读者较多，但这类图书长期售缺，且很少收进。最近，我们在沪东工人文化宫召开座谈会征询意见，并向长江刻字厂和最近正在展出的书法篆刻展览会了解，比较一致地反映这类图书对书法篆刻爱好者，各种工艺美术设计专业以及刻字行业，特别是培训青年艺徒都有迫切需要。有些单位由于没有这类图书只好自行编印一些材料。在书法篆刻展览会上很多观众在会场上临摹展品，尤其是篆刻艺术方面的展品。他们认为，真草隶篆四种字体中，主要是篆、草两种字体不易识别。为了适应这方面的需要，我们拟先影印《草字汇》和《说文大字典》。《草字汇》拟采用上海图书馆收藏的清乾隆刻本复印。

三、《说文大字典》。《说文解字》一书是研究古文字学的主要参考图书，对文史专业有一定的需要，门市早已售缺，此书系清代沙青岩原辑，概括了许氏《说文解字》的主要内容，书写的篆文较好，且按部首编排，也比较通用。复印时拟将一些序言、例言删去，另写出版说明。原书版本较大，为了节约纸张似缩印为大 32 开本。

　　上述拟印制各书的内容正在审查。现将拟订的我店印制计划（初稿）送审。是否妥当，请批示。

上海书店革命委员会

1974 年 1 月 15 日

　　编者按：本件主送上海新华书店革委会，抄报上海人民出版社革委会。市店 4 月 13 日接到电话通知，社革委会同意补印《东方杂志》一文。市店批示"仅同意《东方杂志》一种。"

关于收购宋刻本《元包经传》的情况汇报

今年二月初，有一个从苏州来的张姓藏家，带来一部南宋刻本《元包经传》(附《元包数总义》)和一卷南北朝人的写经，要求我店收购处收购。这部《元包经传》共有四册，一百另八页，南宋绍兴三十一年刻本，内容是有关术数方面的。我店古籍收购处拿到这部书后，即进行了集体讨论，当时有的主张出价六百元、八百元，有的主张一千元、一千二百元，革委会业务组的同志表示可出一千元。后由收购员同志与该藏家洽谈时，出至一千二百元，但该藏家表示要二千元可出售，最后表示至少要一千六百元愿售。

在此期间，我店收购处曾将此书（及写经一卷）送给上海图书馆有关同志检定。上海图书馆的同志要求一定把这部书收下来，并说文化大革命前收购这类版本书也要一千几百元，示意我店他们愿出二千元购进。在我们店内，也有同志贴出大字报并口头提出意见，认为在当前批林批孔斗争形势下，出如此高价收购一部宋版书，是一个路线问题。

在此情况下，我店古籍收购处又组织了一次讨论会（有革委会业务组同志参加）。在会上，有的同志认为上海图书馆是专家，他们说要收下来，我们就应该收下来，多出四百元（即一千六百元）也没有什么问题。宋版书是文物遗产，价格应比普通书高。他们还表示担心，如果我店不收下来，他可能向苏州、北京等古旧书店出售。另外一些同志则认为此书仅一百另八页，内容用处不大，主要是版本价值，出价一千二百元不能算低了。而且多次提价，形成讨价还价，影响不好。如果他到外地古旧书店出售，可由他去。只要不毁坏、不偷运出国就可以了。最后由业务组同志表态认为仍以维持一千二百元为妥。同时还确定了对一卷写经可以根据上海图书馆的意见，出价一百数十元到二百元。二月十七日，张姓藏家又来我店收购处，他说至少要卖一千五百元。由于不能达到他的要求，他就把这部宋版书连同一卷写经带回苏州去了。为了防止在无产阶级文化大革命前，在修正主义经营思想下各地古旧书店互相抬价，竞相争购，以至造成国家资金损失的情况重新发生，我店又向苏州、北京等地古旧书店写了信，告知我店对这部宋版书和一卷写经的出价情况。请他们掌握（信稿附后）。

价格问题尤其是版本书价格，确实情况比较复杂，涉及到许多政策性问题，也是有关路线的问题。在当前广泛深入开展批林批孔斗争的形势下，价格问题也是应当发动群众，通过革命大批判逐步给予明确和解决的问题。

关于接洽《元包经传》一书收购的经过情况汇报如上，请了解。

上海书店革命委员会

1974 年 3 月 5 日

附件：信稿

最近有一张姓藏家来我店出让一部南宋刻本《元包经传》

（附《元包数总义》），全书四册，我店出价 1200 元；另有一卷六影人的写经，我店出价 160 元。张姓藏家要求再能提高收价，我店决定不予考虑。为了避免互不通气，造成国家损失，特将上述情况函告。

敬礼

1974 年 2 月 18 日

编者按：本件主送上海新华书店革委会，抄报上海人民出版社革委会。3 月 8 日市店丁之翔书写了下列文字：

上海书店来信关于该店收购宋刻本《元包经传》的问题，该店已有情况汇报。我根据该店汇报的情况向该店领导和有关人员又进行了解了一下，并到上海博物馆、上海图书馆去听了一下他们的意见，现将了解的情况汇报如下：

1. 我与该店古籍书店负责人韩正刚和业务组工作人员黄郝江同志到上海博物馆找该馆负责同志向他们了解文化大革命后对一些古画的估价情况，该馆负责人沈之瑜同志说，在抄家物资中如发现精品，或尚有一定价值博物馆尚未有收藏的画，在落实政策时，原则上是收购下来的，至于价格大致参照 1958 年时的收购价格（1958 年收购价格比解放初期高，比文化大革命前低，是当中的一档价格）。我们把《元包经传》的情况告诉了他，想听听他的意见，他个人认为，画的价格较高，书的价格较低，根据我们向他讲的这本书的情况，他认为 1500—1600 元不算太贵，可以考虑收购下来。

2. 三月六日我又到上海图书馆去找了顾廷龙同志，听取他的意见，他说，这部书是南宋刻本，距今已有九百余年，书的刻本很好，是少见的，又是大字本，保存得也较好，还很新，这本书上海图书馆没有收到，全国各大图书馆的目录中也未见有收到过，而且解放后发现的宋刻本也并不多。根据这种情况应由国家收购下来，放在私人手里总有些不放心，虽然不会偷运出国，但其他意外的事也可能发生，如火灾、转到其他私人中等。我问他上海图书馆组织上的意见怎样？因此，上海图书馆党总支、革委会和善本组党支部几位负责同志又一同研究了一下，他们意见是希望上海书店能收购下来。据了解他们收购这类书在2000元以内，由本馆研究决定，2000元以上要报上级党委批准。

3. 据了解上海书店本身也有几种意见。一种意见认为价格太贵了，出如此高的价格收购一部宋板书，是一个路线问题；第二种意见认为这类书是少见的，古籍书店开门后，也未收到过多少宋板书，认为价格略高一些还是可以收购下来的；第三种意见是该店领导的意见，该店领导在听取两方面的意见后，认为1200元为止了，不能再高了，因此，就以此意见告诉读者，并发信至苏州、北京、南京、扬州等古旧书店，告诉他们这一情况，以免出现各地古旧书店互相抬高价格，造成国家资金损失。不管这一价格出的是否合理，我觉得这一做法是好的。但据最近苏州古籍书店来人讲，此藏家曾到苏州古籍书店去问过，他们未见到原书，出了 700 元，后又同藏家讲如书尚好，可以出到 1300—1400 元。我估计这话是不真实的，未见到书是不可能出如此高价的。而且按照藏家的心理来看，一般是不会出售给当地古籍书店的，因为他们会有各种顾虑。苏州古籍书店这样讲，也可能是告诉上海书店，我们不受你们 1200 元约束，因为我们在你们之前已经出过 1300—1400 元了。当然，这是我个人的估计，事实可能不是和我想的那样。

这本书的藏家是张芹伯的孙子。张芹伯是南浔的大地主大资本家。文化大革命前张芹伯的孙子曾经卖给过南宋刻本《舆地广记》残本给上海书店。现在他手中除有一卷南北朝人的写经外，还有其他宋版书，同时最近还有其他藏家拿来宋刻本《容斋随笔》和《续笔》以及南宋咸淳四年修的《咸淳临安志》（即杭州志）等，要求估价，因此关于古籍的版本书价格问题，从上海书店讲是一个大问题。在今天应如何对待（版本有各种情况，有些是只有版本价值，而无实用价值，有些是孤本，有些既有版本价值又有研究价值，有些虽是版本书，但各大图书馆均已有收藏，因此情况不一）。我觉得上海书店在不妨碍运作的情况下，可以发动有关人员敞开思想进行讨论，在此基础上提出一个初步意见请示领导。在未有结论之前也请领导上指示一些原则/意见，以使具体收购同志可以掌握，不然，碰到这些问题就比较难以处理，具体工作同志对这些问题有些怕，怕讲是复旧，因此碰到此类问题就不敢出价，不敢收购。以上意见是否有当，请领导上研究考虑。

请示《金瓶梅》供应办法

前一个时期，有不少单位来我店要求购买《金瓶梅》一书，其中有文学研究单位，党政领导机关和人民解放军部队等（其中尤以部队同志为多），还有个别区图书馆。

对《金瓶梅》一书的评价，鲁迅先生曾说过：它"描写世情，尽其情伪，……然亦时涉隐曲，猥黩者多。"此书对暴露和揭发当时封建社会和封建统治阶级的罪恶有一定意义，但涉及淫秽描写很多，副作用较大。

《金瓶梅》有未删本和删本两种，删本大体上删去了淫秽描写。我们意见此书主要供应省市图书馆、文科大学和文史研究单位，以及确有需要的省（市）军政以上党、政、军领导机关和领导干部（购买时需备有专门购买此书的介绍信），未删本应从严掌握，是否妥当？请批复。

上海书店革命委员会

1974 年 3 月 7 日

编者按：本件主送上海新华书店。市店 5 月 29 日给出的回复是人民文学出版社之前出版的存货仍继续封存着，没有开放。因此，暂不考虑开放的问题。

批林批孔运动展开以后古籍门市关于古书陈列供应的几点临时措施

一、记述孔孟言行的古代著作如《论语》《孟子》《四书集注》等，纯粹研究和阐释"孔孟之道"的古代著作如《论语纂疏》《孟子微》《四书辨疑》等，一般都放在"三门"供应因批判需要的单位和读者；门市读者确因批判需要而指名购买这类古书时，也可供应。

二、宋明理学方面的著作，如程颢、程颐、朱熹、陆九渊、王守仁等代表人物的著作，或记述他们言行的著作如《二程粹言》《近思录》《朱子语录辑略》《传习录》等，暂时都放在"三门"供应因批判需要的单位和读者；门市读者因批判需要指名购这类古书时，也可供应。至于程、朱、陆、王等人的诗文集和全集，仍可在门市不显著的地方少量陈列。

三、纯粹为孔孟树碑立传，歌功颂德的古代著作如《孔氏祖庭广记》《孔孟圣迹图》《文庙丁祭礼乐辑要》《宗圣志》《圣庙祀典辑闻》等，纯粹宣扬"三纲五常"等封建伦理道德修养方面的古代著作如《闺范》《女子四书读本》《孝经传说图解》《蓄德录》等，都放在"三门"供作批判资料。（纯粹宣扬封建伦理道德修养的古书原来就没有开放过，只是再明确一下。）

四、内容纯属尊孔的碑帖如《虞世南夫子庙堂碑》《大成殿记》等，一律不在门市陈列，被动供应给确有需要的读者。

1974 年 3 月 18 日

汇报古书开放情况和几项临时措施

社党委领导曾指示，……对已在门市开放的古书进行一次检查和研究。现将我店过去古书门市开放的情况和进行初步检查研究以后采取的一些临时措施等汇报：

我店古书开放是在 1972 年 2 月份开始的。当时在旧书门市设了一个专柜，采取逐步开放的办法，步子是比较慢的。去年 3 月底古籍门市恢复对外服务以后，仍继续采取逐步开放的办法。古书的开放工作基本上都是由有关的栈房、门市、审读几方面的工作人员和革委会有关领导人员参与下共同来做的。到目前为止，除了小说、戏曲、笔记、词集、大部分清代人的诗文集，以及宗教、卜筮、星相、堪舆等迷信书和有比较严重的涉外问题的古代著作以外，其余基本上都在门市和"二门"（"二门"主要供应不出口的木刻本古书，因筹设外宾接待室停止对外服务后尚未恢复）开放了。其中《论语》《孟子》《四书集注》等在《红旗》杂志发表关于"儒法论战"的文章以后才在门市开放的（不陈列，指名购买时供应），目的主要是为研究"儒法论战"的政治内容和历史情况提供资料。

关于古书的分档供应，我们从 1972 年开始陆续制订过一些办法。去年 11 月我们又对这些办法作过一些修改。去年 2 月对旧碑帖的审读把关工作也专门制订过一份规定。最近我店曾将在试行的古书、旧书、期刊等分档供应规定汇印了一份

《业务资料》，发给我店各业务部门，准备批林批孔运动中选择适当时机，发动群众讨论修改或重新制订。上述关于古书、碑帖的分档供应规定都汇编在这份《业务资料》中，现随文附送，请了解。

……来古籍门市购买《荀子》《韩非子》《商君书》等古代法家著作和批判资料《论语》《孟子》等古书的单位和读者显著增加。由于古书存数一般都比较少，为了配合批林批孔运动，为单位和读者提供有关资料，我们把《四书集注》等批判资料集中了一批，放在古籍门市的"三门"供应因批判需要的单位和读者；同时筹设了"批林批孔资料阅览室"，并在门市陈列新出版的有关批林批孔的学习文件和图书、期刊，供读者阅读。另外，扩大了古籍门市原有的大批判专栏。

……关于古籍门市陈列的古书内容问题方面。读者的意见还很少听到。但有这样一种动向，收购处收到的古书比以前增多了。如单是傅东华的子女卖给我们的古书就有13800余册，11600余元。又如收购工作中已好多年没有遇到宋版书，最近有人上门想把秘藏的宋版书卖给我们，读者出卖古书也反映了一些思想情况，如金陵中学一个教员是比较典型的（已另有专题汇报，从略）。

……我店职工群众联系本单位实际，提出了一些问题，如"古书大部分是有尊孔内容的，怎么办？""前一时期一部分古书（主要是商务、中华版旧存线装古书）提高价格对不对？""古籍门市搞得这样大，对不对？""古籍书店开门对不对？"古籍书店是否是复古思潮的产物？"等等。特别是对一部宋版书的出价 1200 元问题，有很大的意见分歧（已有专题汇报）。另外，少数干部也产生了一些思想顾虑，就是"搞古书工作，运动来了总要搞到头上来"。

联系到古书陈列供应上的问题，从上月下旬以来，我们与古籍门市同志讨论研究了几次，初步决定采取以下几点临时措施：

一、记述孔孟言行的古代著作如《论语》《孟子》《四书集注》等，纯粹研究和阐释"孔孟之道"的古代著作如《论语纂疏》《孟子微》《四书辨疑》等，一般都放在"三门"供应因批判需要的单位和读者；门市读者确因批判需要而指名购买这类古书时，也可供应。

二、宋明理学方面的著作，如程颢、程颐、朱熹、陆九渊、王守仁等代表人物的著作，或记述他们言行的著作如《二程粹言》《近思录》《朱子语录辑略》《传习录》等，暂时都放在"三门"供应因批判需要的单位和读者；门市读者因批判需要指名购这类古书时，也可供应。至于程、朱、陆、王等人的诗文集和全集，仍可在门市不显著的地方少量陈列。

三、纯粹为孔孟树碑立传，歌功颂德的古代著作如《孔氏祖庭广记》《孔孟圣迹图》《文庙丁祭礼乐辑要》《宗圣志》《圣庙祀典辑闻》等，纯粹宣扬"三纲五常"等封建伦理道德修养方面的古代著作如《闺范》《女子四书读本》《孝经传说图解》《蓄德录》等，都放在"三门"供作批判资料。（纯粹宣扬封建伦理道德修养的古书原来就没有开放过，只是再明确一下。）

四、内容纯属尊孔的碑帖如《虞世南夫子庙堂碑》《大成殿记》等，一律不在门市陈列，被动供应给确有需要的读者。

至于古书分档供应办法的全面修改和制订，准备在运动深入以后，进一步发动群众，认真学习毛主席有关指示，联系阶级斗争和路线斗争实际大揭大议，并经过深入研究，在有了比较一致的认识的基础上再进行。

上海书店革命委员会

1974 年 3 月 18 日

编者按：本件主送上海新华书店党委，抄报上海人民出版社党委。市店 6 月 19 日给出批复是："同意上海书店的四点措施，在实践中加以改进。"

报批《上海书店关于古籍门市部外宾接待室图书陈列供应暂行规定》

我店自去年 12 月设立外宾接待室以来，对外宾购书接待工作有了一定改进，不仅避免了店堂中读者围观外宾的情况，加强了对外宾的安全保卫，而且解决了供应外宾图书加价后与门市价格的矛盾，并便利了外宾选购图书和休息。为了进一步做好外宾购书的接待工作，最近我们在批林批孔运动的大好形势下又对这一工作作了研究，并经过一部分群众的讨论，拟订了一份关于我店外宾接待室图书陈列供应暂行规定。现将这一规定报送一式两份，请审核批示。

1974 年 4 月 18 日

上海书店关于古籍门市部外宾接待室图书陈列供应暂行规定

做好外宾购书的接待工作是一项政治任务，我们一定要在当前批林批孔运动的大好形势下，遵照毛主席的革命外交路线，继续以满腔热情和严肃认真的态度来做好这一工作，这对于增进我国人民与世界各国人民之间的友谊，促进中外文化交流是有着一定意义的。

外宾接待室的图书陈列和宣传布置，要求必须符合党和国家有关的方针政策和适应国内外政治思想斗争形势，同时能体现出我国是一个历史悠久，具有灿烂古代文化的国家；体现出我国人民遵照毛主席的教导，对古代文化遗产批判继承的精神。

图书的陈列范围和接待工作中的注意事项等暂作如下规定：

一、图书陈列暂以古代著作为主，范围如下：

（1）公开发行的新版古代著作和有关研究我国古代历史、哲学、文学、艺术、医学等方面的著作；

（2）公开发行的歌颂工农兵英雄人物和我国社会主义建设的中国画创新作品的画册和其他中国画方面的近人作品的画册；

（3）门市已开放的 1911 年以后出版的木刻本和铅石印本古书和一部分目前门市尚未开放的宋词和元明戏曲等；

（4）石印和珂罗版、金属版印的古代人的书画艺术作品碑帖、画册和 1795 年以后所拓的拓本碑帖等；近人的中国书画作品如作者政治上不反动的也可陈列。

二、下列范围的图书不陈列，但外宾指名购买时可以供应：

（1）记述孔孟言行的古代著作如《论语》《孟子》《四书集注》等，以及纯属尊孔内容的碑帖如《虞世南孔子庙堂碑》《赵孟頫大成殿记》等；

（2）主要的佛教经书如《华严经》《楞严经》等，包括大部头佛经如《大藏经》等。

三、参照国家有关规定下列范围的图书不供应外宾：

（1）有关记述我国与友好国家之间不友好事件的或有其他严重涉外问题的古书；

（2）有关我国边疆史地方面的专著；

（3）各种地方志，包括省志、府志、县志等；

（4）1949 年以前的天文图、舆地图、水道图、水利图、道里图、边防图、战功图、盐场图等；

（5）国内存量较少的大部头古书如《四部丛刊》《四部备要》等；

（6）流传稀少的及有文物保存价值的古书，1795 年以前所拓的拓本碑帖和 1949 年以前的各种金石拓片以及书画原迹等；

（7）1911 年以前出版的木刻本和铅石印本古书；

（8）记述和描绘我国旧时代不良习俗等，有损我国民族尊严的古书、画册；

（9）内容淫秽、荒诞的古书。

四、供应外宾的图书价格：

（1）公开发行的新版图书除已正式通知出口价格的以外，一般都按原定价供应外宾；

（2）收购进来的自行标价的图书都以出口价格供应外宾，但门市公开陈列的图书，外宾选购时即以书上标明的价格供应。

五、接待供应工作一些注意事项：

（1）凡在外宾接待室陈列的图书必须经过审读，并做好有关记录；拓本碑帖还必须经过文管会盖好火漆印章。

（2）外宾购书只限已经陈列的图书，无特殊情况，一般不要临时从栈房内取书供应。

1974 年 4 月 18 日

编者按：本件主送上海新华书店革委会，抄报上海人民出版社革委会。市店 5 月 12 日给出的处理意见为："上海书店送来的这一规定共有五点，主要是前面三点：第一点，都是按照国家规定可以出口的图书；第二点，是根据批林批孔以后作出的新规定，我认为这样做法是可以的；第三点，是参照国家规定不能出口和不能供应给外宾的图书；第四、五点没有什么问题。根据上述情况，拟电话通知该店同意，并要他们在工作中不断总结经验，隔一个时候再加以修定。"在"批示"栏写着"同意"。

请示关于收购具有历史文物价值古书的意见

批林批孔运动开展以来，我店收购工作中曾遇到两起读者出让宋刻本古书的事件。由于我们对这些古书的收价上意见不一致，都没有能及时收购下来，一件是今年二月初有个姓张的读者出让南宋刻本《元包经传》，我们当时出价 1200 元，引起一部分同志反对的事情。此事我们已在三月初向社店两级革委会汇报。另一件是三月间有个读者出让南宋刻本《咸淳临安志》的事情。由于《元包经传》一书的收价请示店革委会后尚未明确，《咸淳临安志》暂时还没有向读者出价。据我们了解，宋刻本《咸淳临安志》北京图书馆收藏的只有半部，这个读者收藏的是另半部，如能配在一起，缺的不多了。此书共 29 册，在无产阶级文化大革命前收价最低须出 5000 元，目前经初步讨论，拟出价 3500 元收购。

我们认为，具有较大文史资料价值的宋元刻本古书，都属于流传稀少的历史文物，是我国先代劳动人民创造的灿烂的古代文化的组成部分。这些古书保存了七八百年到近千年，不仅有的内容上有较大的文史资料价值，即从它们的印刷、纸张等来说，反映了我国古代劳动人民在造纸、雕版印刷等方面的科学技术水平和艺术才能，也是一项证明奴隶创造历史的实物资料，因此对于这些具有历史文物价值的古书进行很好收集，运用马克思主义的科学方法加以整理研究，有助于"懂得中国的昨天和前天"，丰富人民群众对自己的历史和创造力量的认识，是符合无产阶级政治需要的。

但这些古书的收藏者一般不会是普通的劳动人民，要使这些古书回到劳动人民手中来，多数情况下又须通过出价收购的方式来实现。因此就有一个按照什么标准出价收购这类古书的问题。这是一个比较复杂的问题。最近我们在批林批孔运动的大好形势下，对这一问题作了研究，并经过一部分群众的讨论，提出了以下几点初步意见：

一、要坚持革命大批判，时刻警惕资本主义经营思想抬头。为了巩固无产阶级文化大革命的成果，正确对待群众意见，一定要坚持集体议价，坚持调查研究，不断总结古书价格工作的经验。

二、这类古书的收藏者一般都不是普通劳动人民。同时这类古书的价格，无产阶级文化大革命前在资本主义经营思想的影响下搞得比较高。因此对于这类古书的收价今天必须予以降低。但也不宜降得太低，要有利于历史文物的保护和收购。我们意见一般可以按照无产阶级文化大革命前这类古书收价的一般水平降低 30% 到 50% 收购。

三、对于具有历史文物价值的古书，特别是未发现过的，有较大文史资料价值的，要尽可能予以收购下来。但不能依靠加价，要依靠做好政治思想工作。经过集体讨论，郑重研究，确定收购价格以后，不要轻易变更。要防止出现无产阶级文化大革命前那种讨价还价的情况。

四、要加强与文物保管单位和各地兄弟店的联系，便于在这类古书的价格掌握上有一个比较接近的意见，以免互不通气，造成国家损失。

五、这类古书（宋元刻本）大致可以分成这样几种类型：

（1）公私目录均未著录，从未发现过的宋元刻本，有较大文史资料价值，书品保存完好，刻印较精的。

（2）主要的国家图书馆虽然已有收藏，但仍属流传稀少，具有一定文史资料价值的宋元刻本，书品刻印也比较好的。

（3）从刻本年代来说，虽属历史文物，但从内容来说，资料参考价值不大，而且刻印较差，纸质粗劣。国家主要图书馆已有收藏的。

在收购价格上一般第一种类型可以降低30%—40%；第二种类型可以降低40%；第三种类型可以降低50%，甚至更低些。

六、这类古书的售价一般可以按照收价加20%到50%。

以上意见是否可行？请批示。

上海书店革命委员会

1974年5月10日

上海人民出版社关于收购有历史文物价值的版本书的请示报告

市革委会文教组：

最近，上海书店两次遇到有人出售宋刻本古书的情况，一次是今年二月苏州张姓藏家出售南宋刻本《元包经传》，经过书店几次讨论研究，于今年六月以一千二百元收进。另一次是今年三月，本市张国淦（已死，在袁世凯手下做过大官）的家属来出售南宋刻本《咸淳临安志》（即今杭州一带的地方志）。据了解，此书全国只北京图书馆收藏半部，此人保存的 29 册是另半部，若在文化大革命前，至少要出价五千元，书店内部讨论拟出三千五百元，尚未收购。

类似这种书的收购，过去没有正式规定，都是自己议价的，因此收购价格很高。经过文化大革命，再维持原来那样的高价是不合理的，但考虑到宋元刻本属于历史文物，上海图书馆对收购这类书很重视，认为价格可以稍高些。上海书店经过研究，拟采取以下措施，慎重对待宋元版本书的收购工作：

1. 收购工作要坚持革命大批判，时刻警惕资本主义经营思想抬头，坚持集体议价，坚持调查研究，反对讨价还价现象，并且在实践中不断总结经验，使收购工作越做越好。

2. 按照书籍质量收购价格一般较文化大革命前分别降低 30%—50% 不等。其中，对迄今尚未发现过的宋元刻本，有较大的文史资料价值，书品完好，刻印较精的，降低 30%—40%；主要的国家图书馆虽已有收藏，但仍属稀少，并有一定资料价值的，书品、刻印较好的，降低 40%；内容参考价值不大，且刻印、纸质较差，国家图书馆已有收藏的，降低 50% 或更多些。

3. 这类古书的售价一般比收购价格高 20—50% 左右。

4. 加强与文物保管单位和各地旧书店的联系，互相通气，使各地收购价格比较接近，防止有些人钻空子，给国家带来损失。

我们拟同意他们的意见，当否，请批示。

上海人民出版社革委会

1974 年 6 月 5 日

编者按：上海书店本件主送上海新华书店革委会，抄报上海人民出版社。市店在"处理情况"中显示，社革会 6 月 5 日就此事请示市革会文教教组。7 月 5 日社革委会办公室电话通知市店："关于上海书店收购有历史文物价值的版本书的请示报告，社革委会报请市革委会文教组审批。对此，市革委会作如下批示：同意报告意见。收购此类书籍应认真做好调查工作，包括调查书籍的文物价值和收藏情况，外地书店的收购价格以及出售者本人等有关情况。"

汇报关于征询继续影印《东方杂志》和书刊影印选题意见的情况反映

去年 12 月份，为影印 6—7、8—16 卷《东方杂志》等曾征询有关单位的意见，共发信给 240 个单位。截至今年 4 月底，已收到 116 个单位回信。其中大专院校 43 封；图书馆、博物馆 32 封；历史、哲学等研究所 10 封；出版社、报社 26 封；其它 5 封。

对于 6—7、8—16 卷《东方杂志》回信中只有两个单位没有明确要订购，绝大多数单位都要求继续印制并订购，不少单位要两套，个别单位要订 5 套。他们认为《东方杂志》对研究和教学旧民主主义革命时期的政治、经济、文化等方面都有一定的参考价值。

回信中普遍反映各个历史时期的史料性书刊很缺。如北京图书馆连《河南》这一刊物也没有收藏，《浙江潮》《江苏》都不全；这三种刊物有 50 个单位希望能订到，有些单位反映在运动期间散失很多；不少单位由于缺乏资料参考只要我们影印出书他们都要订购。

还有不少单位热情地提供建议。如复旦大学和开封师范学院都提供了不少可以影印的书刊选题；河南历史研究所、内蒙古大学建议影印《申报》《豫报》《国闻周报》《明实录》等；还有些单位建议影印地方性资料，如北京图书馆建议印《宁波白话报》(内有不少反帝资料);也有单位希望影印太平天国史料、第一次国内革命战争时期的资料等等。

这些单位提供的影印书刊选题,不少须要由出版社考虑,不属我店影印范围。现选择本市复旦大学和外地开封师范学院的来信,摘录其主要内容作为附件,请了解。

1974 年 5 月 14 日

附件

一、复旦大学来信摘录:

下列报刊已极为稀少,希能影印:

《中国日报》:清末革命派报纸,听说香港已有影印本。

《商务日报》《大江报》:辛亥革命时期在武汉出版的革命派报纸。

《民权报》《民呼日报》《民吁日报》《民立报》:辛亥革命时期在上海出版的革命派报纸。(这几种报纸我系都收藏一些,《民立报》收藏较多)

《中国青年》:第一次国内革命战争时期出版的团中央机关报,上海缺武汉时期出版的该刊,北京有一些,这个刊物非常重要。

武汉《民国日报》《中央日报》《楚光日报》:1926—1927 年国共合作情况下在武汉出版的报纸,全国收藏极少,上海、北京保存较多。

《人民周刊》(广州)、《政治生活》(北京)、《战士》周报(长沙)、《中州评论》(河南)、《群众》(武汉):第一次国内革命战争时期地方性党机关刊物,全国收藏也极稀少,非常珍贵。

二、开封师范学院来信摘录:

下面是历史、政教两系有关的教师所需要的在近代史和党史教学中的资料,其中大部分我馆没有,提出来供你今后影印这方面的资料时作参考。

新民丛报　不忍杂志　国闻周报

浙江潮　大江七日报　洞庭波

汉帜　河南　湘路危言

大革命写真画　湖北学生界　汉声

江苏　点石斋中法战争图　点石斋中日战争图

拳祸记　中国国民党史稿　孙中山全集

孙中山全集续集　革命逸史1—6集　兴中会组织史

中华民国开国前革命史　乾隆英使觐见记　瓦德西拳乱笔记

庚子使馆被围记　维特回忆录　三国干涉还辽秘闻

下面是历史系古代史教研室和宋史教研组的教师提出的有关文史资料方面的一些迫切需要的资料,供你们选印时作参考。

澉水志　新安志　吴郡志

景定建康志　嘉定赤城志　三山志

嘉泰会稽志　玉峰志(包括续志)　续资治通鉴长编

宋史全文　修文殿御览（敦煌唐写本 259 行）

敦煌吐鲁番社会经济资料（上下册）（日本"西域研究会"编，法藏馆出版，我们国家没有印行过此书），绎史（应加标点印行），西汉年纪（30 卷），建康实录（20 卷），李朝实录。

出劫纪略　蕃汉合时掌中珠

另外，洛阳市博物馆收集有历代的碑墓志资料价值很大，至今没有能够整理出来，建议你们同洛阳市博物馆联系一下，可望能使这一资料早日出版问世（约有五千块）。

补充两个意见：

第一，根据我院历史系教授孙作云谈，明朝王瑷著有一部《楚辞集解》，此书在各种楚辞集注中系最好的注本之一。据传我们国家已不多见。日本京都大学曾拍照寄赠游国恩一部。孙先生讲，原在北京大学外文系任教的徐祖亚藏有此书，极为完整，孙先生借阅过。希望你们能联系加以影印发行。如有必要，孙先生说，他愿协助进行标点或作一前言。

第二，我院历史系曾先后整理出宋会要辑稿目录和校补各一份，并进行了油印。此一工作进展了三年多时间才完成。对会要中的重复处和脱漏之处以及存在的问题等都作了注明，对研究宋代史和教宋史的同志在工作上是一部较好的工具用书。你们如需要刊行，可望来信联系，寄上原稿一份便于你们研究决定。

编者按：本件主送上海新华书店革委会，抄报上海人民出版社革委会。市店在收文处理单的"处理情况"上写着："《东方杂志》6—7卷张洁同志已在4月10日上海书店人民来信中批示同意影印。上海书店原先上报的选题计划未批。因此，8—16卷如需影印要待6—7卷印好后重新报告审批，这与本文中所提新的《河南》《浙江潮》等单位需要情况可供出版社参考。"市店党委书记洪荣华在一页便条上写着："另有一点，要求收购另一批古书，我们应研究给予答复，如没把握，我们可以请示社党委，不要再拖下去了。"

征询对宋元刻本古书价格的意见

　　文化大革命以来，曾有个别人来我店出让宋刻本古书，听说其他兄弟店也曾收到过这类书。对于宋元刻本古书的价格问题，在我店内部曾有不同意见：有的主张可与文化大革命前的价格大致相同，有的主张可低于文化大革命前的水平。最近经过几次讨论，基本上倾向于后一种意见。认为宋元刻本古书，大都属于流传稀少的历史文物，应尽量争取由国家收购保存。但由于这些古书的持有者，大都是非劳动人民，而且在文化大革命前我们书店执行了修正主义路线，在厚古薄今和资本主义经营思想的影响下，对这类书的价格搞得比较高。因此，我们初步意见可以暂时按照文化大革命前的这类古书收价的一般水平降低百分之三十到五十收购；售价则一般可以按照收价加百分之二十到五十，这意见很不成熟，须与兄弟店交换意见。为此，希望你店能将你们的意见和做法告诉我们，以便通过协商使这类书的价格在各地兄弟店之前能做到大体一致。

上海书店

1974 年 6 月 15 日

　　本件主送北京中国书店革委会，抄送上海新华书店革委会。寻求同业在古旧书收售价格方面的基本一致。

关于重印《四书集注》的请示

当前一场批林批孔运动正在全国和全市迅猛开展，特别是报纸介绍上钢五厂二车间批判孔孟之道的经验以来，到我店古籍门市购买《四书集注》等批判资料的单位突然增多，单是上周六下午就有六十余个单位。我店为当前这场批林批孔运动服务，在仓库里清理出不少有关资料供应迫切需要的单位，但还远远不能满足。到目前为止，《四书集注》已告售缺，而仍有很多单位要求我们能供应此书。这些单位反映，法家著作出版社已在陆续出版，就是反面资料没有，因此他们提出是否请出版社重印一些。据了解原中华、商务解放前出版的古书纸型现仍保存在出版社。我们建议可利用其中《四书集注》纸型重印二、三千部供各条战线批判之用。《四书集注》的重印工作，如果由出版社来做不甚适宜的话，似可以交给我店来做。以上意见是否妥当，请研究。

上海书店革命委员会

1974 年 6 月 25 日

编者按：本件主送新华书店革委会，抄报人民出版社革委会。7 月 2 日市店的回复："书店出版不宜搞得太多，报告请示社党委后，待批复拟定。"

报批《关于科技类书刊的审读分档供应规定》

为了进一步做好古旧书刊的审读把关工作，更好地为工农兵服务，为三大革命运动服务，我们准备将原有审读标准在发动群众讨论，总结经验的基础上，逐步加以修订并报上级审批，最近我们已修订了《关于科技类书刊的审读分档供应规定》。现随文送上，是否可行，请审批。

上海书店革命委员会

1974 年 7 月 16 日

上海书店《关于科技类书刊的审读分档供应规定》

科技类书刊的审读分档供应办法，经过了近几年来的实践，特别是通过批林批孔运动以后，有必要作若干修改和补充。现根据最近组织的几次讨论的意见，集中整理如下，供参照执行。

一、凡书刊内容涉及下列问题的，政治影响及篇幅较小的可认真作技术处理后门市发行；政治影响及篇幅大的应根据具体情况分别作"二门"（即国内发行）或"三门"（即凭介绍信）供应，甚至作停售报废处理。"二门"供应或"三门"供应的书刊有的也应作技术处理。

（一）书刊中有修正主义头子的照片、报告、讲话、题词以及引用其著述、提及其姓名、职务的（凡涉有习惯用语的处理办法详见"附件"）；

（二）吹捧苏修领导集团，宣扬"三和两全"、物质刺激、战争恐怖等修正主义观点的，以及1956年苏共二十大后出版的书刊中还提到"苏联是社会主义国家"、"苏联对我国无私援助"等内容或过多宣扬苏联科学技术成就的（至于一般提到"苏联专家"、"向苏联学习"以及苏联某些建设成就的，可不予处理）；

（三）美化资本主义制度，吹嘘欧美等资本主义国家的科学技术成就和物质生活，鼓吹洋奴哲学、爬行主义、技术第

一、专家治厂等修正主义企业路线，以及散布成名成家、吃喝玩乐等资产阶级思想的（至于有些纯属贯彻修正主义办厂路线，专讲管、卡、压一套企业管理制度的，一般可作报废处理）；

（四）有不符合我国当前外交政策和策略，违反民族政策，宣扬大国主义或大民族主义，以及不正确地叙述我国边疆历史地理情况的（包括书内有与我国现行边界线不符的地图等）；

（五）有与现行政治相抵触的口号和提法的（一般失时的政治口号副作用不大的可不予处理）；

（六）内容有介绍影响较大的假模范、假标兵的所谓"先进事迹"的；

（七）有封建、迷信、黄色、荒诞等不健康、不科学内容的。

二、有些为贯彻修正主义教育路线，专为学生升学编写的数理化复习参考资料、试题汇编一类的书籍，以及无产阶级文化大革命前出版的以中小学教育工作者为对象的数理化刊物，只在"三门"凭证供应教育单位和教育工作者批判参考。

三、作者属敌我矛盾性质，如图书内容有参考价值的，可在"三门"供应；译者或集体编译者中有属敌我矛盾性质的，如图书内容无其他政治问题，可涂去其姓名后门售。

四、古代中医书中如杂有较多封建迷信内容或有其他问题的，应根据不同情况分别在"二门"或"三门"供应。

（一）有歌颂封建统治阶级反动人物，宣扬孔孟之道，或以剥削阶级观点叙述修身养性、祛病延年篇幅较多的；

（二）有以讲述治病案例为名，宣扬封建迷信，因果报应，荒诞不经的；

（三）有记载春药方和道家的所谓"阴阳采补"等淫秽描写的，以及有些医书中详细叙述男女性欲问题，副作用较大的；

（四）专门讲述符咒治病以及某些"验方"、"秘方"显著不合科学内容的。

五、凡出版社已通知内部发行（包括书上印明为内部发行）或通知只限国内发行（包括书上印明为国内发行及校内发行）的，应一律在"三门"或"二门"供应；但对出版社通知作"报废"、"不能发行"处理的，旧书可按照下列不同情况作不同处理：

（一）凡是出版社通知"不能发行，作旧书处理"的，原则上均可在门市继续供应；

（二）凡是出版社通知"报废"或"不能发行"的科技书，其中有些书同类的新出版物尚少，有一定的资料参考价值，读者有需要的，经过审读后，可以在"二门"或"三门"继续供应；

（三）凡是出版社通知"报废"或"不能发行"，有属于以下四种情况的，一律报废：1.内容过分陈旧，已有其他版本的同类图书代替的；2.内容有政治错误不能作技术处理的；3.属于企业管理性质的；4.普通中学以下程度的数理化复习、参考读物及一般科技通俗读物，资料参考价值不大的。

六、机关、企业、部队、学校等单位内部编印的、未经新华书店或邮局正式发行的科技书刊，可分别作如下处理：

（一）一般的科技教材、参考读物、工具书，没有明显政治错误和保密资料的，可在"二门"供应；

（二）科技情报资料，科研论文，以及一般的新产品、新工艺、新技术资料和有参考价值的产品目录、产品样本等，可在"三门"供应；

（三）凡是国防科研或国防工业方面的资料，以及书上印有"内部资料"、"注意保存"等字样的科技情报资料、科研论文、科技会议辑集等，应从严控制，在"三门"供应给重点单位参考（不供应个人）；

（四）油印本和没有什么资料参考价值的产品目录、产品样本及一般培训教材等，作报废处理；

（五）凡书上印有"机密"、"绝密"等字样的科技书刊，一律不予供应（此类书刊一律不予收购。误收的此类书刊应作保密纸销毁）。

七、解放前和解放初期私营出版社出版的科技图书，其中少数内容尚有一定参考价值，无政治性错误，读者有需要的，可在"二门"供应。私营出版社出版的中医书，可参照本规定第三条精神办理。

八、科技期刊原则上均按以上各条的精神办理，但尚需注意以下各点：

（一）成套的科技期刊，一律规定在"三门"供应（不作技术处理，夹条说明）；

（二）零本期刊中政治错误较多，不能作技术处理的，可在"三门"被动（不陈列）供应单位作配套用；

（三）邮局或出版社规定为"内部发行"的期刊，可区别不同情况分别在"二门"或"三门"供应；规定可在门市陈列但不供应外宾的期刊，如有外宾购买时应婉言谢绝（在设有"二门"的门市部，此类期刊也可放"二门"供应）。

九、几个应注意的问题：

（一）规定为"二门"供应的书刊，在没有专门设立"二门"的门市部，可在门市作不陈列供应；规定为"三门"供应的书刊，仍应一律凭单位证明供应。

（二）凡须经技术处理后发行的书刊，各部门应指定专人严肃、认真的进行处理，并应注意：

1. 技术处理可分涂没、贴没或撕去三种。涂没应一律用浓墨，不得使用钢笔、圆珠笔或简单地打一个"×"；篇幅较多的可用白纸贴没；如撕去后不影响使用的也可考虑撕去。

2. 在技术处理删去部分字句时，应尽可能照顾文字前后连贯，并在"图书审读卡"上具体注明某页某行那一字开始至那一字结束。

3. 对照片和插图处理尽可能用撕去办法。如撕去后影响使用，也可用白纸贴没；如照片内有无产阶级司令部领导同志形象的，撕去后应妥善处理，不要用贴没办法。

（三）门售的科技书中，有较大数量是在无产阶级文化大革命前译自苏联的和资本主义国家的，门市部在陈列中不要把此类图书突出陈列，也不要过多地集中陈列在书架上。

1974 年 6 月

编者按：本件主送上海新华书店革委会，抄报上海人民出版社革委会。市店 9 月 21 日回复："同意"。

建议《四角号码新词典》内部凭证供应

无产阶级文化大革命前出版的《四角号码新词典》一书，出版社曾决定报废，据说现尚存有数千本。由于目前出版的字典和词典种类尚少，不能满足需要，特别是"四角号码检字法"，对档案、组织部门工作很有用，许多单位来我店要求购买此书，因此我们建议可否将出版社现存的《四角号码新词典》交由我店内部凭证供应确有需要的单位（如档案、组织、保卫部门和教育单位等）批判地使用。是否有当，请批示。

上海书店革命委员会

1974 年 7 月 13 日

编者按：本件主送上海新华书店革委会，抄报上海人民出版社革委会。市店 8 月 14 日口头转告称，社里不同意内部凭证供应。

汇报 5—7 月份外宾购书情况

5 月份至 7 月底外宾来我店购书共 8 批 47 人次。

5 月 10 日中午，意大利外宾 5 人来我店古籍门市部购买了《石涛上人山水》《恽正叔山水花卉》《蕉香花山水册》等画册共 6 册 48 元。

5 月 24 日下午在北京学习的加拿大外宾三人来我店古籍门市部购买了《高其佩画册》《出土文物二三事》《文徵明山水花卉画册》《八大山人山水花鸟画册》等共 10 册 49.43 元。

6 月 23 日下午有瑞士外宾二人（《北京周报》工作）由人陪同，来我店古籍门市部购买了《授衣广训》《天籁阁旧藏宋人画册》（简装）共 3 册 8.20 元，除购买上述书籍外，外宾主动提出要买有关我国古代科学技术方面的图书如《天工开物》《本草纲目》以及山水花鸟方面的画册。

6 月 27 日下午有荷兰籍外宾二人（驻中国大使馆二秘夫妇）前来我店古籍门市购买了《四库全书》4 种、《中国古代版画丛刊》《西厢记》《天籁阁旧藏宋人画册》等 31 册 224.30 元。

7 月 21 日上午在复旦大学当教师的西德、法国、秘鲁外宾三人来我店古籍门市部购买了《巩县窟寺》《三国演义》《中国名画集》《天籁阁旧藏宋人画册》《米芾墨迹三种》《圣教序》《古佛画谱》等共 30 册 264.28 元。

7月30日下午有阿尔及利亚外宾一人，来我店福州路门市部购买《英汉电信辞典》《西安文物胜迹》共2册7.70元。

7月31日上午，有非洲留学生约30人由他们的老师带领，来我店福州路门市部购买了《简明英汉辞典》《钢笔行书字帖》《李白与杜甫》《鲁迅小说诗歌散文选》《人体解剖图谱》《赤脚医生手册》《国际电工辞典》等共38册49.88元。

7月29、30日二天有一外国语学院工作的外宾一人连续二天想进我店古籍门市部的国内发行门市部都被我营业员劝阻了。

7月30日下午有一国籍不明的外宾到我店四川北路门市部，跑到科技柜要买汉英科技词典。营业员答没有，他连续二次问为什么没有？并说："我从北京来，跑了几家书店都没有，为人民服务么，你们要帮助我解决困难。"我们营业员给他解释说，"我们是旧书店，书要收进来才有。请你到南京东路新华书店问问有没有。"他要我们替他打电话问问。我们替他打电话问了。南京东路新华书店有这类词典。他说了声谢谢，并跷跷大拇指走了。

最近外宾到我店要求购买我国古代科学技术著作如《本草纲目》《天工开物》的比较多。这些书出版社没有重版过，我店很少收购到，因此我们建议出版社对《本草纲目》等书能重版一些。

上海书店革命委员会

1974年8月12日

关于我店上半年去安徽收购中存在问题的情况汇报

今年 5 月 15 日至 7 月 5 日，我店在市店领导的同意下曾派三人（6 月上旬又增派一人）到安徽省蚌埠、淮南、合肥、桐城、安庆、芜湖、马鞍山、铜陵、青阳等地收购，共收图书 7800 元，21300 册，其中古书 700 余元 2100 余册。在收购过程中都得到了当地新华书店和有关领导部门的支持，收购人员生活上也得到了他们很好的关心和照顾。这次外出收购有一定成绩，收购人员一般能注意正确处理好与外地兄弟店之间的关系，并经常写信汇报请示，但也存在一些值得注意的问题，现经初步了解，将情况汇报：

一、个别收购人员从安庆去屯溪时搭乘飞机问题。我店古籍门市由于工作需要，在 6 月 3 日派了某人到合肥参加收购工作，6 月 19 日束从安庆准备去屯溪时，未经外出收购带队人同意，擅自买了飞机票，当其他几个收购人员知道此事后，曾集体向其提出劝告，指出坐飞机影响不好。我们书店外出收购，从来没有人坐过飞机，他不听劝告，说今后出差收购的机会很多，坐飞机的机会是难得的，如果费用不能报销，自己贴出一些也合算。甚至说："你们不要再讲，一切由我本人负责！"关于此事，古籍门市班长找他谈话时，他谈了这样几点思想：（1）在当地有些人的介绍下产生了乘飞机的思想，认为飞机票价比车票仅贵 4.20 元（飞机票 11 元，汽车票 6.80 元），时间只要二小时，而乘汽车则需一天时间；（2）有资本主义经营思想，想赶在其他兄弟店之前到屯溪，说是在安庆遇到南京古旧书店的同志，他们也说准备去屯溪；（3）想利用这次机会，尝尝乘飞机的味道，过过瘾，开开眼界。最近我们找他谈话时，对于此事他只承认有想跑在兄弟店前面的思想。但据我们分析：当时南京古旧书店同志临走说明买好船票回南京的。他们为了表示对安庆姓谢的读者的一批书坚决让给我们收购，还把买好的船票拿出来给我们的收购人员看。他们是在 6 月 14 日下午动身的，某人是在 6 月 19 日凭着当地新华书店的证明买飞机票的。因此即使南京古旧书店同志去屯溪，在其买飞机票时应该早已到达屯溪三、四天了，已无"赶在兄弟店前面"的可能了。由此可知所谓"想赶在兄弟店前面"的思想是不真实的。如果他在安庆时这样，那也只能是为搭乘飞机作"借口"。另外据谈，他买好飞机票以后，其他同志才向他提意见的。但据其他两位同志谈，在其买飞机票之前，知道他到新华书店打证明时就已向他指出，乘飞机影响不好，希望他不要乘飞机。他不听，还是明知故犯。目前，他虽然不得不同意飞机票的差价 4.20 元由他自己负担，但对乘飞机一事的认识还是比较差的。

二、读者来信批评我店收购人员在安庆大关区提前结束原定的收购时间，拒收古书问题。6 月 16 日我店收到安徽桐城大关区州铺公社胡埠大队李德茂的来信，说他在 6 月 9 日下午从十几里外把一些古书送到大关区我店临时收购处出让，某收购员忙于要回县里去，只略为看了一下，说："书是可以要的，但时间来不及了，你要想卖的话，可以通信和我店联系"。读者对此很有意见，认为这是对人民不负责，读者出让的古书有《纲鉴》《康熙字典》《历代名臣言行录》《左传》《皇朝经世文新编》《校正尚友录》《春秋似题案》《小题正鹄》共八种。经我们与有关同志研究，这些古书大部分应该出价收下，即使像某人所说都是残书，根据读者来信写明的册数来看，也缺少不多，在我店残本古书栈房里是可以配齐的。某人急于回县和由于经营思想上不端正，不愿收下这些古书，这是很错误的，而且随便提早结束原定的收购时间（据读者来信反映，贴出的招贴中写明 6 月 9 日下午到 11 日上午）。这确是对人民很不负责的表现。最近我们找某人谈话，某人说到大关区收购是与新华书店小伍同志一起去的，招贴中写出的收购时间是 6 月 9 日下午到 6 月 10 日上午。又说是由于读者说家里还有其他书，才叫他写信到上海与我店联系，但他提早结束原定收购时间，拒收这位读者拿来的八种古书，这一点已可以完全确定。某人对这一问题的认识也是比较差的。另外说明一下，读者的意见信还是在最近才复的。这是由于后勤组同志误认为是一般邮购业务信，转给了邮购组。邮购组看到是读者意见信，又转给古籍门市负责同志。负责处理的同志原打算等某人回来核实一下再复，结果搁在抽屉里忘掉了。这是我们平日思想教育工作做得不够，一部分同志对人民群众来信不够重视的表现。

三、其他一些问题。据一同外出的其他同志反映，某人在这次收购中还有这样一些情况：

（1）某人在安庆、屯溪等地曾购买茶叶约十斤、小脚桶一只、芭蕉扇四把、笋干三斤。茶叶据说大部分是古籍门市同志托带的。

（2）某人经手收购的书，缺失出让证一份。读者自己开的书单还保存，收价十九元。据此补了一份出让证，读者的姓和地址是凭某人回忆填写的。此事很难下结论，须待今后有便时查证。

（3）某人等在安徽大学教授谢养和家收了一批书。在扎捆后，谢提出有一部李日华的《紫桃轩杂缀》，经蒋士铨批校，版本很好，说我们对他这批书的收价出低了，但经拆捆查看，没有这部书。书运到上海后，清点时也未发现。不知是读者记错了，还是另有什么问题，须待今后有便时再查询一下。

另外某人去外地后，曾写信和打长途电话给古籍门市负责同志，要求买些香烟、肥皂、糖等紧张物品寄给他，这可能为了便于在外地搞关系。我们没有同意。

以上是我店这次外出收购工作中暴露出来的一些值得注意的问题，主要表现在古书收购人员某人身上。这些问题的发生不是偶然的，是由于我们平日思想教育工作薄弱造成的，当有关同志向我们反映束的问题后，我们也未引起足够的重视，没有很好抓。现在我们感到，不能就事论事处理这件事，必须本着"惩前毖后""治病救人"的态度对某人进行严肃热情帮助，并通过这件事来教育大家，从中吸取教训，使我们今后的外出收购工作做得更好些。

上海书店革命委员会

1974 年 9 月 9 日

编者按：本件主送上海新华书店革委会。市店 9 月 20 日的"处理情况"：已与基层业务组研究，由基层业务组与上海书店联系，采取以下措施：1. 今后外出人员由上海书店领导审查，经市店同意后应进行事先教育，事后检查。外出收购人员一定要保证政治质量；2. 今后外出，可请工宣队同志同去；3. 对有关人员进行教育、改正。

关于我店广东路书库门前的违章建筑及时拆除由

我店广东路 59 号书库门前的人行道上，搭有上海无线电十二厂违章建筑车棚及黄浦区自行车修配合作商店第七门市部修配服务站，严重影响我店书库的运输和保卫工作。为此，我店于 1971 年 6 月 16 日曾向有关主管部门要求拆除，同年 7 月 14 日你局以《关于上无十二厂、上无二十六厂私占土地擅自搭建应予拆除处理的函》又通知仪表局革委会，现将文主要内容抄录如下："你局所属上无十二厂占用道路，私自搭建自行车棚，影响公共交通，妨碍附近上海书店等单位的运输及保卫工作，上无廿六厂……我们意见：上述两厂私自搭建的车棚及围墙，应该拆除，请你局能予严肃处理"。

但是你局文通知已达三年，上无十二厂置之不理，至今仍未拆除。另外，自行车修配服务站目前又要重新整修，我店要求你局督促该二个单位早日拆除违章建筑。

上海书店革命委员会

1974 年 10 月 12 日

编者按：本件主送上海市城建局革命委员会，抄报上海市新华书店革委会、黄浦区公安局。

请示关于继续影印《东方杂志》第8卷至16卷的报告

　　关于我店影印《东方杂志》第6、7卷和继续影印第8至16卷均曾列入我店1974年印制计划。该计划已于今年1月15日上报，并抄报上海人民出版社革委会。《东方杂志》6、7两卷的印制计划已在今年4月批准。最近印刷厂即将制版开印，但《东方杂志》第8至16卷的继续影印则未有明确批示。根据我们去年年底和今年年初的调查（调查情况已于今年5月15日上报。并抄报上海人民出版社革委会）。全国大多数省市图书馆和主要的文教单位，都要求重印《东方杂志》第8—16卷，认为这对研究和教学旧民主主义革命时期的政治、经济、文化等方面都有一定的参考价值，有的单位要求购置两套甚至五套。近几个月来有些单位如中共山东省委党校、天津市文化局等单位都继续来信要求配购。认为在批林批孔运动中研究儒法斗争史方面有些资料可供参考。

　　查《东方杂志》8至16卷系出版于1911年至1919年间。内容我们已作了初步审阅，未发现有重大问题。原刊现存较少，难以满足这些单位的要求，拟即予重印。是否有当，请即审批。

1974 年 11 月 12 日

编者按：本件主送上海新华书店革委会，抄报上海人民出版社革委会。11月19日，市店将王维同志的意见通知了上海书店："要求续印8—16卷的内容，请上海书店作出较具体的汇报，照现在这样'未发现重大问题'难以下决心；名义和出版都继续以上海书店为好，如有出版社出版，只有古籍室考虑。"社里直接将此意见通知上海书店。

汇报上海海关与古籍门市在古书等出口标准掌握上不一致问题并请求及早解决

　　今年 7 月份以来陆续发生了几起上海海关扣留我店古籍门市供应的古代著作和古代画册，不准出口的事件。据我店门市同志反映的和海关直接向我店提出意见的就有《天籁阁旧藏宋人画册》(珂罗版影印本)、《四库全书总目提要》(铅印本)、《朱子大全》(铅印本)、《皇清经解》(石印本) 等书。这些古书和画册当我们一听到海关提出意见后，就改为"二门"供应，不在公开门市陈列，以免继续在外宾中产生不好影响。

　　7 月下旬我们曾由上海图书馆通知，到上海博物馆开了一次会，会上他们给我们二份上海市文物保管委员会《关于对出口文物、旧工艺品、古旧图书题材内容的几点意见的请示报告》，据说这一文件已经市革会有关领导部门批准。8 月 7 日上午，上海博物馆、上海图书馆、上海海关又特地来我店古籍门市开会，当时我们也把曾经上级领导部门同意的《古籍门市部外宾接待室图书陈列供应暂行规定》给他们了解，并向他们汇报了古籍门市古书陈列的大致掌握标准。这情况过去已都向上海图书馆有关负责同志汇报过。这次会议最后决定由上海图书馆对古书和碑帖画册等的出口标准问题回去研究后，再请示有关领导部门加以明确，但至今尚无回音。

　　上星期我们又接到海关的电话，就是一个日本外宾从我店古籍门市购去《朱子大全》准备寄往国外，此书是朱熹的著作，不能出口。我们举一反三，当即把《朱子大全》和程颢、程颐、王阳明的集子都改为"二门"供应。后来据门市同志反映，这个日本外宾购去的古书只退还石印本《皇清经解》，就是光绪年间的石印本不能出口。《朱子大全》没有退还，不知是什么原因。过去我们只是对1911年以前印的木刻本古书，不在公开门市陈列，后来又根据上海图书馆负责文物鉴定工作同志的意见，凡是1911年以前出版的，不管是铅、石印本古书，一律都不在公开门市陈列了。光绪年间石印的《皇清经解》在公开门市陈列，是我们门市同志的疏忽，但据最近来上海的北京中国书店同志说，1911年以前的石印本古书北京还是与过去一样，可以出口的。

海关与我店在古书、碑帖等出口标准上掌握不一致的问题希望尽快能加以解决。在当前世界各国人民与我国人民友好往来日益频繁的情况下，这些问题的存在，可能会造成一些不好的后果。古书中有"明显的，直接的宣扬孔孟之道"的，有尊孔内容的是比较多的，涉及面是比较大的，如何执行上海市文物保管委员会的《关于对出口文物、旧工艺品、古旧图书题材内容的几点意见的请示报告》的精神，希望能明确一些掌握界限，以免今后再发生类似情况。而且这一问题涉及的不仅仅是上海一地的问题，请领导部门早日加以研究解决。

随文附上海市文物保管委员会《关于对出口文物、旧工艺品、古旧图书题材内容的几点意见的请示报告》和我店的《古籍门市部外宾接待室图书陈列供应暂行规定》及批林批孔运动初期我店关于古籍门市古书陈列供应的几点临时措施。

上海书店革命委员会

1974 年 11 月 21 日

附件：关于对出口文物、旧工艺品、古旧图书题材内容的几点意见的请示报告

市文化局：

文物出口鉴定工作，我们现在是根据 1972 年 6 月国务院图博口编印的《文物法令编选》中《关于文物出口鉴定标准的几点意见》规定的文物标准的三条线（1949 年、1911 年、1795 年）和题材内容的"三不"原则（黄色、反动、丑恶的不出口）掌握的。当前，为结合批林批孔运动，使文物出口鉴定工作更好地贯彻毛主席革命路线，特别是把好文物出口的政治关。我们根据《送发关于文物出口鉴定标准的几点意见》通知中指出的"请在进行文物出口鉴定工作时，结合各地具体参考掌握"的精神，对文物、旧工艺品、图书的题材内容提出了一些意见。在今年 4 月份广交会联合鉴定时，我们曾与北京、天津、广州三个文物出口口岸的同志交换了意见。回沪后，又邀请了海关、工艺品进出口公司、第一商业局、上海书画社、友谊商店、上海图书馆等有关单位进行了研究和讨论，广泛征求意见，并重新作了修改意见。

一、关于文物、旧工艺品、图书出口的题材应掌握以下

几点：

1. 尊孔反法代表人物的作品，不论真伪，不论版本一律严禁出口；

2. 明显的，直接的宣扬孔孟之道的作品，严禁出口；

3. 有可能在政治上引起不良影响的作品，不予出口；

4. 一般封建意识的作品，考虑到文物本身的历史局限性，可酌情放行。

由于文物本身的时代局限性，因此题材验放原则应与新生产的工艺品要求有所不同，应掌握以下几个区别：

1. 妖魔鬼怪与一般佛画、佛像要区别。如钟馗捉鬼图、水陆道场画等禁止出口；弥陀、罗汉、观音、无量寿佛的可以出口。

2. 明显的孔孟之道与一般的封建意识要区别。如直接表现"三纲五常""廿四孝""贞节烈女"，书写"忠孝节义""仁义道德"的题材，严禁出口；画一老人抬头望着蝙蝠，表示"福在眼前"，画几只鹌鹑和菊花，表示"安居乐业"，雕刻一只猴子骑在马上，表示"马上封侯"等吉祥语的题材，以及各种质料的"三星人"祭器，可以出口。

3. 古代神话、故事、人物为题材的文物要区别是颓废的、反动的还是健康的，有一定进步意义的。如《西厢记》中"张生跳墙"等禁止出口；"孙悟空三打白骨精"，李白、花木兰、穆桂英等可以出口。

4. 镇压太平天国刽子手与反对太平天国运动的要区别。

如曾国藩、左宗棠、李鸿章、彭玉麟等作品禁止出口；吴昌硕的作品可以出口。

二、关于现代书画出口鉴定问题，文物局认为不属文物鉴定范围，已向国务院写了请示报告，建议划归文化部门负责。根据上海实际情况，我们建议拟请"美术创作办公室"派员会同鉴定。关于现代书画的题材应掌握以下几点：

1. 政治上借古讽今、含沙射影的，歪曲、丑化我国社会主义革命和社会主义建设的，宣传大国沙文主义的，一律严禁出口。

2. 批林批孔运动中，美术界复辟逆流的代表人物的作品，暂不出口。

3. 在国外的书画家，要作具体分析。如张大千、汪亚尘等人还活着，政治面目不清，出口有不良政治影响的禁止出口；陈树人、张书旗等已死国外，无现实政治影响的，可以出口。

三、关于商品性的仿制文物、书画复制品和新生产的工艺品出口，不属文物出口鉴定范围，而且海关管理局已有（74）贸关货第 126 号《关于对出口工艺品题材验放原则的通知》，可由有关部门负责掌握。

上述意见是否有当，请审批。

上海市文物保管委员会

1974 年 7 月 22 日

汇报宋刻《咸淳临安志》的收购过程和有关情况

现将宋刻《咸淳临安志》一书收购过程和有关情况汇报：

此书是张国淦的家属卖给我店的。张国淦是北洋军阀政府的一个大官僚，已死。去年九月份，我店向张的家属收购明刻《江西通志》时，就已向他们问起《咸淳临安志》一书情况。今年三月份，张的家属才将此书的样本拿来给我们看，索价一万元。我们经有关人员集体研究，出价三千五百元。藏家索价减到八千元。因为价格问题上双方距离过远。拖了一段时间，直至今年十月份，藏家又通过人民出版社一位同志来我店协商此书的收购问题，说是最低五千元才肯出售。我们经过研究，出价至四千五百元，并要求这位出版社的同志协助我们向藏家做工作。到十一月中旬，此书终于以四千五百元收购下来。

此书是一部残书，存五十四卷和序目，计原刻 613 页，抄配 439 页，分订廿九册。我们了解到，北京图书馆（下简称"北图"）也藏有此书的一部分。因此我们当时就已考虑到，尽可能把张家的这部分藏书收购下来，供应给北图，使《咸淳临安志》一书保存得比较完整。今年八月，我们写了一封信给北图，把我们正在接洽收购一部分《咸淳临安志》的情况，包括此书的卷数、版式、有哪些印鉴等，都主动告诉了北图。后来他们给了回信，对我们出价三千五百元一点，以为还可以略高一些。十一月我们收到此书以后，又写信给北图，告诉他们此书已以四千五百元收购下来，并已标售价六千元。

我们认为此书标售价六千元还是比较合理的。关于古旧书的价格问题，目前国家没有统一的价格规定，为此，今年五月我们曾向上级领导部门请示关于收购具有历史文物价值古书的意见。这一意见后经市革会文教组同志批准，正式试行。根据此文规定，《咸淳临安志》售价最高可按收价增加50%，而现在我们按收价增加33.3%，即利润是售价的25%。这与一般新版图书的利润差不多，而比我店古书平均利润率50%要稍低一些。这是因为古书中极大部分流转是非常缓慢的，其至有一部分是为国家长期保存的。我店为保存古书所负担的费用，如收购整理费用、仓库租费和占用资金的银行利息等支出是非常可观的。我们书店既然是一个经济核算单位，那就必须在贯彻"三服务"方针的前提下，严格遵守社会主义经济核算原则，在古书的收售上应有一定的利润，并力求使企业不亏损。

以上情况和我们对《咸淳临安志》一书的售价意见，是否有当，请领导审阅。

上海书店革命委员会

1974 年 12 月 18 日

编者按：本件主送上海新华书店。12 月 27 日市店回复："社里已有意见来，以 5000 元售给北图。其他问题另行研究"。

关于做好古旧书收、售工作的意见

中国书店、上海书店：

最近我们根据你店提供的关于做好古旧书收售工作的意见，起草了《关于认真做好古旧书收售工作的意见》（讨论稿）和《古旧书收售暂行办法》（讨论稿）。现随函寄去三份，请你店研究、修改。并请改出一份修改稿，希望能争取在 1 月 20 日前寄给我们。

附件 1.《关于认真做好古旧书收售工作的意见》（讨论稿）

2.《古旧书收售暂行办法》（讨论稿）

新华书店总店

1974 年 1 月 9 日

抄送：上海市新华书店（附件各一份）

关于认真做好古旧书收售工作的意见（讨论稿）

古旧书的收购和发行，对保存和批判地继承文化遗产，贯彻"古为今用，洋为中用"，"推陈出新"的方针，为文化学术研究机关提供有关资料和参考材料，为进行意识形态领域的社会主义革命服务，为逐步清除旧社会遗留下来的坏书并杜绝其流传，有着十分重要的意义。

按照为无产阶级政治服务，为工农兵服务，为社会主义服务的方针，对解放后国家出版社出版的图书进行回收和再发行，对节约人力物力，充分发挥图书的效用，也有着重要的作用。

……

为了进一步做好古旧书的收售工作，特提出以下意见。

一、按照古旧书的内容，区别对象，做好供应工作。

古书的内容较复杂，有精华，有糟粕。要根据党的方针政策和政治任务的需要，以及对帝、修、反斗争的需要，做好古旧书的供应工作。古旧书应分为公开发行，内部发行，控制发行（包括收回销毁）三类，区别对象，合理供应。凡"五四"以前出版的一般古代著作和"五四"以后出版的科学技术书刊，以及在历史上有一定进步意义的中、外古典文学名著，翻译出版的外国古典哲学、社会科学等图书，可以公开发售外，其他解放前出版的古旧书（刊），均内部发售，主要供应文化学术研究机关、高等院校、省级图书馆和有关研究人员；凡反动、淫秽、荒诞、涉外书刊，必须严格控制，除确有参考价值的品种，党政领导机关和专门研究单位需要，可有控制的供应外，一般应封存处理，不再供应，有些还应销毁处理。凡具有比较重要文物价值和流通极少，不易收进的古书（刊），应尽先供应国内主要图书馆和有关机关单位，要防止流散国外。开放城市店公开发售范围应根据国家规定，凡不能出口的古书，一律不公开陈列。

解放后出版的图书回收后再发行的范围：何者公开发行；何者内部发行；或只供批判参考用，在不同范围内控制发行，应根据各有关出版社的通知办理。

解放后出版的报刊反映了不同时期政治、经济、文化等各个领域中两条路线斗争的情况。经过整理配套，仍有一定参考价值。因此，这些刊物仍可内部发行，供有关单位批判、参考用。

二、按照政策，合理确定古旧书收购价格，扩大古旧书的来源。

古旧书收购价格体现着党和国家有关方针、政策，也反映了经营古旧书的业务思想。因此，古旧书的收购价格应从全局出发，本着有利于国家和出售者的原则合理地确定，在全国范围内不要差距过分悬殊。

解放后出版的图书，回收价格可按照图书的内容，需要根据情况，新旧程度来加以确定。

为了不使古书失散和轻易销毁，各地古旧书店（门市部）要主动加强和废品收购单位、造纸部门联系。废书回炉前，要经古旧书店（门市部）派人挑选后再进行处理。

三、按照开展古旧书业务的需要，合理布局网点。

古旧书的网点设置，应从需要和可能出发。古书的来源有限，供应对象也较专门，不象新书那样广泛。因此，古旧书的网点，原则上只在省会所在地的城市设置。有些有历史传统的地区和确有需要的地区，必须有古书门市部者，在报请省出版（文化）局批准后，也可设立或保留。

解放后出版图书的回收和发行，各地可根据需要和可能与古书合在一起，或单独设立旧书门市部和旧书专柜。

除北京、上海两地的古旧书店外，其它地区的古旧书店（门市部），收购古旧书应立足于本地。北京、上海两地古、旧书店到外省收购，应和当地省（市、自治区）书店联系；对收购到的古旧书，如确系当地需要，应首先满足当地需要。在收购价格上要考虑城乡差别，与当地书店协商求得一致。

四、加强党的领导，搞好古旧书收售专业队伍的建设。

加强党的领导，是做好古旧书收购、发行工作的关键。古旧书的收购和发行，是一项政策性很强的工作，各地古旧书店（门市部）要主动向上级党委请示汇报，在当地党委的统一领导下，努力做好古旧书的收购销售工作。

做好古旧书的收售工作，必须要有一支又红又专的古旧书专业队伍。古旧书店（门市部）要有计划地培养专业人员，并不断补充一些新生力量。对鉴别、修整古书确有一定经验而已转业的人员，如业务上确有需要，经当地党委和出版（文化）行政部门批准，可适当的归队一些。

各省（市、自治区）新华书店要加强对古旧书店（门市部）的业务管理和领导。

古旧书收售暂行办法（讨论稿）

根据中央［1971］43号文件精神，特制定古旧书收售暂行办法如下：

关于古、旧书范围的划分

一、古书系指"五四"以前的出版物。旧书可分两类；一类是解放前的出版物；一类是解放后国家出版社出版的图书。

关于古旧书的收购

二、古书和解放前出版的旧书的收购，除北京、上海的古旧书店，可以有计划的到一些省、市、自治区进行收购外，其他地方的古旧书店（门市部）立足于本省、市、自治区，不到外省收购。

各大、中城市的古旧书店（门市部）也可根据需要和可能条件，委托本省、市、自治区内市县书店收购。

三、解放后国家出版社出版的图书。地区以上新华书店可按照为无产阶级政治服务，为工农兵服务，为社会主义服务的方针，视需要和可能，开展收购工作。

关于古旧书的收购价格

四、古书和解放前出版物的收购价格，应相对稳定，起落不要过快，悬殊不要过大，各地古旧书店（门市部）要从全局出发，加强联系，互通情况。北京、上海两古旧书店还可定期编印"古旧书主要品种收购价格参考资料"，供各地古旧书店（门市部）了解、参考。

五、北京、上海两古旧书店到外省、市、自治区收购古旧书，在收购价格上要考虑到城乡差别，要向当地出版（文化）行政部门请示，并和有关书店协商求得一致。

六、解放后国家出版社出版的图书回收价格，可按原定价的二—七折收购。个别特殊情况，可另行处理。

关于古旧书的发行

七、古旧书的内容比较复杂，有精华、有糟粕。各古旧书店（门市部）要有高度的政治责任感，对收购来的古旧书，必须进行严格审查，然后区别内容，区分对象，合理供应。供应方式可采取以下三种：

甲、公开发行

1. 解放后国家出版社出版的公开发行的图书（不包括已经通知停售或改为内部发行的图书）。

2. 解放前出版的没有现实政治问题的辞典、字典、手册等工具书。

3. 经、史、子、集等古书和解放前出版的自然科学、科学技术、医药卫生书刊，以及历史上有一定进步意义的中、外古典文学作品，翻译出版的外国古典哲学、社会科学等书。

乙、内部发行

1. 国家出版社明确规定"内部发行"、"只限国内发行"的图书以及有关部门明文规定不能出口的图书。

2. 国家有关机关印制的规定为内部发行的技术资料、产品样本、产品目录及其他科学技术图书。

3. 解放前出版的有关边疆史地资料、近代史资料，地方志和其他涉及外交政策问题的图书。

4. 解放后出版的报刊的合订本。

丙、内部控制发行

1. 全国解放前，中国共产党在各个革命历史时期公开或秘密出版的书刊。

2. 有关太平天国、捻军起义、义和团运动等流传稀少具有近代史资料价值的图书。

3. 宋、元、明、清各代的珍本、善本、孤本古籍，和流传稀少具有文史资料价值的刻本、稿本、抄本，以及有艺术价值的图刻本古书。

除上述革命文物，珍本古籍外，凡内容有淫秽、荒诞、迷信、凶杀、恐怖等描写，但尚有一些资料价值的图书，更应从严掌握。有些内容极端反动，并无参考价值的图书，在报请省级出版（文化）行政部门批准后，可作销毁处理。

八、公开发行的古旧书，由古旧书店（门市部）公开陈列发售；只发售解放后出版的旧书，有此项业务的新华书店可在综合门市部设专柜（有需要有条件也可设旧书门市部）。内部发行的古旧书要凭机关介绍信或证件，按规定范围供应。内部控制发行的古旧书，主要供应省级以上的图书馆、革命纪念馆、文物保护单位和省以上文化学术研究机关。

九、凡不能供应外宾的古旧书，开放城市一律不得公开陈列。

关于古旧书的出售价格

十、古旧书周转慢，有些书还需加工整理。因此，古旧书的售价一般可高于收购价格的百分之四十至五十；解放后国家出版社出版的图书回收后的出售价，可高于收购价格的百分之三十左右。

开放城市的古书与国际书价比较，售价太低会给外国书商投机牟利提供条件，可适当调整出售价格。北京、上海、天津、广州等开放城市的古旧书店要互通情况，尽可能做到主要品种的售价大致统一。

编者按：本件1月11日由上海新华书店收文并与上海书店负责人联系。

上海书店关于社科文艺类图书的审读分档供应规定

社科文艺类图书的审读分档供应，以前曾制订过一些规定，经过批林批孔运动以后，有的已不能完全适应。为了更好地贯彻"为无产阶级政治服务、为工农兵服务、为社会主义服务"的方针，便于开展工作，重新拟订关于社科文艺类图书的审读分档供应规定如下：

一、对出版社、新华书店有规定或通知的图书的处理办法：

（一）对出版社、市店规定为门售、国内发行、内部发行的图书，原则上都应按规定办理。

（二）出版社规定内部发行的图书，对各书的发行对象都有不同的具体规定，我店回收的旧书应参照原规定精神分别划为"三门"，"三专"，"四门"供应，极少数也可划为"二门"供应。

（三）出版社、市店通知规定"不能发行，存书作旧书处理"，"不能发行，有书可作旧书只限国内发行"，"不能发行，可供图书馆借阅"以及"不能发行，酌留少量备查"的图书，原则上可以分别在"门市"、"二门"、"三门"和"四门"供应。

（四）出版社、市店通知"报废"的图书，其中有些尚有一定资料参考价值的（包括反面资料可供批判参考的），可通过审读、研究，改为"三专"或"四门"供应；有的也可将我们准备变更处理办法的意见告知有关出版社，征询他们的意见。但对某些因有严重政治问题报废的图书，应慎重对待，一般不要再供应，可予报废、销毁。

二、对文化大革命以前出版的，出版社、市店没有处理通知的图书，应发动群众审读后，再行决定发行方式，审读标准如下：

（一）涉及党内历次路线斗争的图书：

1. 党内机会主义路线头子的著作和为他们树碑立传的著作，原则上不能供应，酌留少量备查；如有些单位确有批判需要时，需经该单位党委证明（说明需要理由）后供应。

2. 党内历次机会主义路线头子和有关人员的文、史、哲等学术性著作，可在"四门"供应。

3. 凡汇编的文集、文件等图书中夹有党内历次机会主义路线头子的著作、讲话，或他们的照片，原则上可在"四门"供应。（如《中国共产党第八次全国代表大会文献》等）。

（二）有关党史、现代革命史方面的图书（包括革命回忆录），一般都存在这样那样的问题，有的还夹有宣传党内机会主义路线头子的内容，原则上均在"四门"供应，确有需要的单位批判地参考（如胡华《中国现代革命史讲义》、《星火燎原》等）。少数内容问题不大的，可在"三门"，供应。

（三）涉及帝、修、反的图书：

1. 当代帝、修、反头子的著作和他们的传记，在"四门"

供应。(如赫鲁晓夫《没有武器的世界,没有战争的世界》,《尼赫鲁自传》等)。

2. 译自苏联的哲学、社会科学著作,应区分二种情况。虽有某些错误,但基本倾向尚好的,可在"三门"供应(如康士坦丁诺夫《历史唯物主义》);含有较多修正主义观点,或集中宣扬修正主义观点和有反华内容的可在"三专"或"四门"供应。(如《马克思主义哲学原理》)

(四)有涉外问题的图书:

1. 古代著作中有严重涉外问题可能引起不良政治影响的,应在"三门"供应。

2. 有错误描述我国边疆地理情况、不利于我国对外斗争的图书,在"四门"供应。

3. 内容有不符合我国当前外交政策和策略的图书(包括早年出版的外交政策文件汇编),应在"三门"供应,有的也可在"二门"供应(如《南斯拉夫修正主义是美帝国主义的工具》)。

(五)文、史、哲著作:

1. 文化大革命前出版的现代人编写的文、史、哲学术性著作,著者无政治性问题。一般均可在"三门"供应(如胡绳《枣下论丛》),其中文学评论,尤其是对现代文学的评论集,内容有较多错误的,应作"三专"供应:著者系批判对象、著作内容有较严重错误的,可作"三专"或"四门"供应(如翦伯赞《中国史纲》)。

2. 通俗性普及性的文、史、哲著作，应从严掌握。如内容有宣扬"尊儒反法""让步政策"，以及借古讽今、崇古非今等错误内容的，可作报废处理（如《燕山夜话》），少数尚有一定资料参考价值和阅读价值的，可在"三门"供应（如"知识丛书"中的《哥白尼》《李提摩太》等）。

（六）现代文学作品：

1. 无产阶级文化大革命前创作出版的长篇小说，除已有少数在"门市"开放，少数为报刊点名批判的毒草（一般可酌留少量在"四门"供应，确有需要的单位作批判用）外，其余如无政治性错误的，可作"三专"供应，数量过多的可报废一部分。

2. 一般的中短篇小说和其他文学作品（包括诗歌、散文、儿童文学等）。除少数基本倾向尚好，有某种参考借鉴作用的，可作"三专"供应外，其余可报废处理。

（七）我国民主革命时期文学作品，除鲁迅著作外，一般暂作"三专"供应。

（八）艺术类图书：

1. 美术作品和美术理论，一般均"三专"供应；部分通俗性美术读物，内容无严重政治错误的，可"三门"供应；连环画除少数可留作美术创作人员参考外，一般可报废处理。

2. 摄影作品一般可"三专"供应；但有些地方性、纪念性摄影画册中有党内机会主义路线头子照片，全书内容又无资料参考价值或艺术借鉴作用的，可报废处理。

3. 音乐、舞蹈图书，包括古代和外国的音乐作品、音乐理论，原则上均"三专"供应；一般的歌曲选如内容问题较多的，可报废处理。少数汇编的歌曲选质量较好的，可酌留少量供专业单位参考。

4. 中国古代戏曲一般均"三专"供应；现代创作的戏曲、说唱等，除少数内容较好的可在"三门"供应外，其余可在"三专"供应。有些质量不高、无参考价值的，可报废处理。

（九）翻译的学术性著作和外国文学：

1. 翻译的古典政治经济学、哲学、历史，空想社会主义等社会科学著作。如译者无政治问题，均可在"门市"供应（如柏拉图《理想国》等）。

2. 翻译的外国古典文学作品，应根据其思想性、艺术性的高低及副作用大小等不同情况，分别作"三专"及"四门"供应。（前者如巴尔扎克《高老头》等。后者如薄伽丘《十日谈》）。

3. 十月革命初期的苏联文学作品，内容倾向较好，原著者及译者无问题的，可在"三门"供应（另列目）。其余可"三专"供应（如《古丽雅的道路》等）。

（十）我国古代著作：

1. 重印的古代著作，包括加工整理过的古代著作，不论文学、历史、哲学，前言后记无重大政治错误的，可仍在"门市"供应：但有些内容情调低沉的词集，宣扬才子佳人的古代戏曲、小说，谈狐说鬼的笔记，以及有借古讽今、崇古非今、集中宣扬孔孟之道等问题的古代著作，可"三门"或"三专"供应。

2. 今人编选和译注的古代著作选本，无明显政治错误的，可在"三门"供应（如《三曹诗选》），有借古讽今、崇古非今、集中宣扬孔孟之道等问题的可作"三专"供应或报废处理（如《新编唐诗三百首》）。

（十一）其他图书：

1. 文化大革命前出版的党建读物、时事政治读物、青年"修养"读物等，均报废处理。

2. 图书著作者、编译者系敌性处理的，其著作内容无资料参考价值的作报废处理；著作内容尚有一定资料参考价值的，或可供批判参考的，"四门"供应。

三、解放前和解放初期私营出版社出版的图书的处理办法：

1. 私营出版社出版的古代著作，已经审读可开放的品种（另列目）。如印刷质量尚好，前言后记、扉页、版权页等均无政治性问题的，可在"二门"供应。

2. 古代著作中尚未审读开放的品种，以及古代戏曲小说、笔记，近代著名反动人物的著作，集中宣扬孔孟之道、封建伦理的著作等，原则上作"三门"或"三专"供应。

3. 解放前出版的鲁迅著作，按照新华书店开放品种，有正式版权的可在"二门"供应，成套的《鲁迅全集》在"三门"供应；部分出版时间较早，流传稀少、有版本纪念价值的，在"三门"对口供应有关文物图书保管单位；至于那些投机出版社出版的鲁迅著作，校读草率，错误较多的，一般均不予供应，也可考虑报废。

4. 私营出版社出版的工具书，如《辞海》《辞源》《中国人名大辞典》《中国地名大辞典》等，虽有政治性错误，但尚有一定资料参考价值的，在"三门"或"三专"供应；投机出版社出版的《人民词典》之类的工具书，并无资料参考价值的，可予报废。

5. 翻译的外国古典哲学、社会科学著作，如译者无政治问题，前言后记无现实政治错误的，可在"二门"供应；近人编写的哲学、社会科学等学术性著作，著者无政治问题，著作内容有一定资料参考价值的，可在"三门"供应。

6. 私营出版社出版的除上述各类以外的社会科学、文学、艺术等图书，原则上均在"三专"或"四门"供应。

7. 反动出版社出版的图书，一般不予供应。少数确有一定资料参考价值的可在"三专"或"四门"供应。

8. 国家列目查禁的反动、淫秽、荒诞图书，以及虽未列目但符合查禁标准的其他图书，除少量送封存间保存备查外，多余部分可报废处理。有防扩散内容的书刊，应集中专室封存，专人保管，原则上均不予供应。

四、关于分档供应的办法：

（一）关于图书分档供应范围：

"二门"：只限供应国内一般读者；

"三门"：供应基层以上图书馆、资料室、专业单位和专业个人。

"三专"：供应与图书内容有关的专业单位和专业个人（包括工农兵业余创作者在内）；

"四门"：供应省（市）、军级以上党、政、军机关。省、市图书馆，大专院校图书馆和省、市级专业研究机关。

以上"三门"、"三专"、"四门"图书供应一律须凭单位介绍信。

（二）由于内部发行的图书一般都存在这样那样的问题，有的还存在较严重的政治错误，因此在供应时应尽可能做到"对口"，把图书供应给确有需要的单位，不要硬扣级别。

1975 年 1 月

补充汇报《东方杂志》8—16卷内容的审查情况

《东方杂志》6—7卷的印制工作去年已在进行，拟在今年继续印制8—16卷（去年11月已报批）。现将《东方杂志》8—16卷的内容审查情况补充汇报如下：

《东方杂志》8至16卷出版于1911年至1919年间。这一时期的内容对当时的政治、经济、内务、外交、文化、教育、哲学、文艺等方面的情况均有所反映，保存了不少资料。如《纪广州乱事》（8卷4期）、《革命战事记》（8卷9期）、《革命成功记》（8卷10期）、《临时政府成立记》（8卷11期）等均可作研究辛亥革命史的参考。

这一时期正值第一次世界大战，差不多每一时期中都有交战国的政治、军事、经济、财政等方面的较详细资料。有些刊期中有本市某些单位的历史情况，如11卷5期中有《江南制造局之简史》、12卷1期中有《上海三电车公司之组织》等材料，这些材料，不久前本市江南造船厂等单位曾要求提供过，又该刊每期有国内外大事记、内外时报等专栏，均搜集和保存了不少中外历史资料。此外，"法令"栏和京省职官表刊载了当时的法令条例和官员任免等名单，这些对研究近代史有一定的参考价值。

由于该刊政治立场上的问题，以致内容、观点有不少错误，如攻击社会主义和污蔑苏联十月革命的内容，在8卷6

期《社会主义与社会政策》一文中有"……顾以违反人性之故（系指社会主义），其纰缪之点为世人所抉摘者已难悉数，今约举之……"的错误观点、16卷8期《俄国分裂之原因》（译作）一文中有"现在俄国因中央政府衰败，全国已陷于无政府之境。中部之鲍尔希维克党（即过激党）虽略具统治能力，而其残酷不仁，则实为俄国史上所未有"等的错误论述。16卷7期中《俄国过激派统治之内容》（译作）亦有攻击性的内容。又如涉外和疆界主权方面的问题在8卷1期《空中飞行器之略说》一文中有"近时1885年，法人夺我安南"的提法。8卷4期《朝鲜之纪念物》的插图中有"殷贤箕子之陵"。8卷5期《俄人对于蒙古新疆之阴谋》（译作）一文中贩卖帝国主义逻辑称："最善之方法则使中国西部蒙古与新疆二处，恢复其独立，建设新蒙古及新疆之两独立国实安固俄境之要道也。"在15卷6期《论中日提携》（译作）一文中有"故保全中国领土，与中国人提携，开发其富源，不特中国领土可以保全，日领之台湾朝鲜及关东洲亦可连接且为日本国家确立生存权"。又在16卷12期《回教之世界》一文中有"印度尼泊尔之国王"照片的插图。这一错误提法有些涉及当前外交斗争，拟考虑在影印时作些处理。此外，这一时期刊物中宣扬孔孟之道和唯心主义哲学思想的也散见在一些篇章中。

我们认为，《东方杂志》8—16卷虽存在上述一些问题，但少量影印后内部发行，供应文教单位、大专院校、省市级大型图书馆以及其他有关专业单位，而且照原样影印，不注明影印单位名称，看来同题不大。

现在附上《东方杂志》总目一册，该总目第 134 页至 217 页系 8—16 卷每期的目录，以供查考。

上海书店革命委员会

1975 年 1 月 10 日

编者按：本件主送上海新华书店革委会，抄报上海人民出版社革委会。市店以《报送上海书店关于〈东方杂志〉第 8—16 卷内容审查情况的报告》主送上海人民出版社革委会，并以"附件"形式表示，该店根据社革委会领导同志对这一请示报告的指示精神，将《东方杂志》第 8—16 卷内容审查情况报来，现随文报送。虽然《东方杂志》的政治立场、内容、观点有问题和错误，但反映了当时的不少情况和资料，对研究近代史有一定的参考价值，我们同意上海书店的意见。少量影印，内部发行，主要供应文教单位、大专院校、省市级大型图书馆以及其他有关专业单位、研究单位参考用，但因影印出版政策性把握，拟由出版社有关编辑室审定，以上报告当否，请批示。

1975 年 2 月 19 日"社办公室电话通知：贺汝仪、王维同志同意影印东方杂志 8—16 卷，内容不删改，内部控制发行。"市店当即转告上海书店。

请示关于处理报废科技图书的几点意见

去年第四季度中北京、上海两地通知报废的科技图书多达一万余种，对我店旧书收售工作带来很大困难。为了使日常的科技图书的政治把关工作顺利进行，防止报废处理的科技图书流入门市，我们目前正在突击编印一份科技类图书的处理书目。

另外有同志提出，出版社通知作报废处理的科技图书，旧书店不一定都要作报废处理，可以根据读者需要情况，酌留少量在"二门"继续供应。我们曾与有关的收购、门市等业务人员多次研究，基本上同意这一意见，并决定了以下几点做法：

一、凡是已经出版社通知作报废处理的科技图书，无论是门市、栈房的存书，或是今后收购进来的，准备按照下列办法办理。

（一）大、中专科技教材

（1）1962年以前（包括1962年）出版的大、中专科技教材，已通知报废的，基本上都可照办，都作报废处理。

（2）1962年以后出版的，已通知报废的大、中专科技教材，少数尚有一定参考价值，无新版同类书代替，或虽已有少量新版同类书出版，但一时还不能满足读者需要的，内容经审查没有发现明显的关于九、十次路线斗争和涉及苏修等方面的政治性错误的，或虽有个别字句有错误提法，可作技术处理的，暂时可放在"二门"供应，待有新版同类书代替时，再逐步淘汰。

（二）科技参考书

（1）1956年以前（包括1956年）出版的科技参考书，除中医书、古代科技著作，工具书，以及少数其他尚有一定参考价值的以外，大部分内容陈旧的都可以作报废处理。

（2）1956年以后出版的科技参考书，已通知报废的，一部分尚有参考价值，无新版同类书代替。或虽已有新版同类书出版，但一时还不能满足读者需要的。内容经审查没有发现明显的关于九、十次路线和斗争和涉及苏修等方面的政治性错误的，或虽有个别字句有错误提法，可作技术处理的，可以暂时放在"二门"供应，待有新版同类书代替时，再逐步淘汰。

二、对已经出版社通知报废的科技图书，经本店业务组与有关的收购、门市等业务人员集体研究后，决定改变处理的办法。在"二门"继续供应的或经过技术处理后在"二门"供应的，由本店业务组定期编目，正式通知本店各有关业务部门，并报市店业务组了解。

上述意见是否可行？请批示。

上海书店

1975年2月24日

编者按：本件主送上海新华书店。市店听取出版社意见后，2月27日给出意见"同意上海书店的意见"。

建议重印《明成化说唱词话丛刊》

上海市文物保管委员会、上海博物馆影印的《明成化说唱词话丛刊》，我店已开始征订供应。由于印数有限，在向各单位征订时，原则上每个单位都只供应一部。但许多单位都来信要求增加，如上海师范大学、南京图书馆等都要求购买三部。北京图书馆、中国科学院、中国历史博物馆、北京大学、南京大学、山东大学……等单位都要求购买二部，还有一些我们没有发通知的单位也来信要求供应。如河北省革委会、天津市文化局、河南省委党校等，另外还有一些专业人员也要求购买。根据以上情况，我们建议你馆是否可以考虑适当重印一些，以满足各方面的需要。

上海书店革命委员会

1975 年 3 月 17 日

编者按：本件主送上海博物馆革委会，抄送新华书店革委会。市店 3 月 21 日回复"了解"。

汇报图书抢救情况并反映在废书运转中发生的一些问题

上海市废旧物资公司：

多年以来，我店在你公司各区废品回收站的大力协助下，曾拣选到不少有用的书刊。据统计，近几年来我店在各区废品站每年拣选出来的各类有用书刊平均达二十五吨，三十余万册之多，这些书刊的回收和利用，对提供各项研究资料，扩大这些书刊的宣传教育和传播科学知识的作用，为阶级斗争、生产斗争和科学实验三大革命运动服务，有着重要的意义。对各废品站工作同志不辞辛劳、不怕麻烦的协作精神，我店谨表示衷心的感谢！

最近我店职工在学习无产阶级专政理论时，谈到在图书抢救工作中。发现有书籍被窃的情况。如今年三月底以来，我店职工在闸北区大统路仓库抢救的图书中，先后两次被窃，第一次有书三捆，约六十斤左右，第二次约十余斤。在这些图书中，有的还是内容有政治错误、属于内部凭证供应的文艺书。当我店职工将此情况向该单位党支部汇报后，支部领导对此事十分重视，亲去现场了解，在群众中进行调查研究，并采取了防范措施，并要我们把书放在他们的办公室里。但此事也引起了窃书者的怀恨，致使我店职工寄放的自行车双铃被窃去，钢丝被折断二根。

又据我店职工反映，有的仓库工作人员在废书进仓和调运过程中，有随手将自己"喜爱"的书籍拿来阅读的情况，有的甚至占为己有。由于书籍不同于一般商品，都包含一定的思想内容，情况很复杂。在废书中，有的还是过去旧社会遗留下来的反动、淫秽、荒诞书刊。如果不慎让这些书流散出去，就必定会在人们中间腐烂发臭，毒害人们的思想。为此我们建议你公司在适当场合能向有关人员（包括民办回收站工作人员）进行宣传教育，并采取一些必要的措施，以防止坏书散失、流传到社会上去，以上如有不当，请批评指正。

上海书店

1975 年 5 月 12 日

编者按：本件主送上海废旧物资公司，抄报上海新华书店。市店 5 月 23 日批示："阅"，"了解"。

关于《东方杂志》8—16卷的印制和用纸计划的报告

《东方杂志》6—7卷的影印工作业已完成，目前正在进行装订，估计在下月或可出书。《东方杂志》8—16卷的印制计划，上海人民出版社已于1975年2月批准，对原书内容不删改，影印后内部控制发行。原书均系16开本，老五号字，内有夹注六号字，偶亦有七号字。现仍拟以16开本影印500套（精装400套，平装100套）。原书中的广告因系彩色纸张，拍照印制上有困难；又这些广告的参考价值不大，故拟与已印的1—7卷一样，亦删除不印。至于供应对象，我们准备有控制地供应文教单位，大专院校和省市图书馆。由于8—16卷的卷期较多，我们拟分两期进行，即8至11卷为一期，在今年下半年内争取印好；12卷至16卷为一期，拟在明年年内争取完成。

《东方杂志》8—16卷的用纸计划如下：

卷　数	页　数	凸版纸	70克胶印纸	150克胶印纸
八卷正文	960 页	61 令	1.5 令	1 令
九卷正文	1040 页	66 令	1.5 令	1 令
十卷正文	960 页	61 令	1.5 令	1 令
十一卷正文	480 页	30 令	1.5 令	1 令
8—11 卷共计	3440 页	218 令	6 令	4 令
十二卷	960 页	61 令	1.5 令	1 令
十三卷	1090 页	69 令	2 令	1 令

卷　数	页　数	凸版纸	70 克胶印纸	150 克胶印纸
十四卷	1296 页	82 令	1.5 令	1 令
十五卷	1296 页	82 令	1.5 令	1 令
十六卷	1392 页	88 令	1.5 令	1 令
12—16 卷共计	6034 页	382 令	8 令	5 令

以上的印制打算和用纸计划是否妥当，请审批。

上海书店革命委员会

1975 年 5 月 20 日

编者按：本件主送上海新华书店革委会，抄报上海人民出版社革委会。市店拟同意并于 6 月 5 日书面写信给社业务组。

关于《全元散曲》和《遏云阁曲谱》发行方式的问题

中华书局：

你局 1964 年出版的《全元散曲》(隋树森编) 和 1974 年 10 月出版的影印本《遏云阁曲谱》我店均有出售，前者有时且有收进。关于这两书的发行方式有些读者和我店同志均有些看法。有的同志说，《全元散曲》一书在无产阶级文化大革命前系有对象、有控制地发行，而 1973 年 8 月京所发行目录 29 号则通知公开发行；有的同志说，这类曲谱选辑了不少思想内容好、音律曲调成就高的作品，但也有不少宣扬封建伦理观念和夹杂了不少色情的封建糟粕。如若供应专业单位和专业工作者使用参考似较为恰当，而作为门售标准公开发行则可能有其副作用。

以上一些看法是否妥当？希赐复为盼。

上海书店革命委员会

1975 年 6 月 27 日

编者按：本件主送中华书局，抄报上海新华书店、上海人民出版社。市店 7 月 10 日回告"了解"。

长寿路新华书店、上海书店有组织地向普陀区各单位联合开展旧书回收工作取得较好效果

在无产阶级专政理论学习运动的推动下，在市委关于各条战线都要关心青少年成长的号召鼓舞下，为了配合里弄图书室的建立和发展，用革命图书去占领街道里弄思想文化阵地，加强对青少年的教育，长寿路新华书店、上海书店在普陀区区革会政宣组的支持下，从 6 月中旬开始，有组织地向区内各单位联合开展旧书回收工作。到 7 月 14 日为止，全区已有 57 个单位出让了一大批书刊。其中有 44 个单位已整理完毕，经分析：可以继续流通并适合里弄图书室需要的图书约有二万册，有一些还是近年来长期供不应求的品种，更适合新建里弄图书室的需要。可供内部批判、参考用的图书约有二千八百册；其它不能发行的书刊，毒草已进行报废处理的有八千斤左右。这对挖掘革命图书的书源，扩大革命图书的流通和限制坏书的流传起了一定的作用；同时，也说明了这样有组织地开展旧书回收工作，无论从数量、质量来看，效果都较好。

日前他们已开始以街道为单位分批向各里弄图书室供应旧书，受到了欢迎。如普陀街道所属各里委，一次就选购了各类图书、杂志、画报共二千余册，花费仅二百余元（原来买一本新书的钱现在可买三、四本旧书）。里弄图书室的同志们反映：这样做花钱少，买书多，适合里弄图书室的具体条件，既有利

于图书室的巩固和发展，又满足了广大青少年的阅读需要，可以使革命图书更好地发挥战斗作用，用社会主义思想占领街道里弄的思想文化阵地。

在这次联合回收旧书的工作过程中，长寿路新华书店和上海书店同志紧紧依靠党的领导，坚持政治挂帅。他们在酝酿为配合里弄图书室的建立，挖掘革命图书的书源时，就主动向区委有关部门汇报设想和打算，受到了重视和支持。区委政宣组还在召开街道政宣干部会议时进行了宣传，并帮助书店解决了临时收购书的场地，使回收工作得以顺利开展。在具体进行回收工作时，他们又注意坚持政治挂帅，认真地向工厂、单位进行口头、书面的宣传，说明这次回收工作的意义，争取各单位领导的重视和支持。因此，不少单位都从支援里弄图书室革命图书出发，认真清理了藏书，将一些多复本或可以适当支援的革命图书送交书店。如上棉廿二厂送来的图书中将近90%是可以供应里弄图书室的。在收售价格方面，他们从政治着眼，考虑到里弄图书室的购书经费较少，为了让里弄图书室能少花钱，多买书，采取了低价收购（低于门市标准二个折扣），低价出售（按收价加二成计算）的办法，得到了各单位的支持和里弄图书室的欢迎。

长寿路新华书店和上海书店的同志在开展旧书回收工作前，还注意做好调查研究和组织工作。从六月初开始，长寿路新华书店就抽出一名发行员负责联系区内各单位，并在上海书店收购员的协助下，对重点单位进行了试点调查，了解各单位的藏书情况，分析各单位可以出让的图书书源，向各单位的政宣、工会部门开展宣传动员，争取支持，并在此基础上，有计划地组织各单位分期分批来书店出让图书，使各单位都能有一个比较充分的准备和清理过程，书店在回收时也便于集中力量和安排工作在回收旧书的过程中。他们认真把好政治关：对各单位送来的图书中应该继续保留供本单位职工学习参考用的一些资料文件，如有关儒法斗争的资料、批林批孔的学习材料等，都动员收回去；对文化大革命前出版的中外文学作品，凡属可以开放的，则向单位说明哪些书可以继续借阅，如有多复本则欢迎出让；对于涉及九、十次路线斗争、内容有政治错误的毒草，则全部回收下来作报废处理。这样做帮助各单位提高了藏书的政治质量，挖掘了一部分可以开放而被长期搁置的图书使之继续流通，更重要的是使一批毒草、坏书得到及时处理，抵制了封、资、修思想的传播。

目前，长寿路新华书店、上海书店的同志在党支部的领导和关心下，正在进一步加强协作、相互配合，总结经验，提高服务质量，把联合回收旧书的工作做得更好、更快，为加强对青少年的教育，巩固和加强无产阶级专政作出贡献。

（上海新华书店党委办公室《发行简报》
第 16 期 1975 年 7 月 19 日）

请示关于北京中国书店、上海书店在古籍价格工作上协商议定的意见

今年6月下旬，北京中国书店根据北京市革委会有关领导的指示，专门派人来上海向我店了解、研究有关古书价格问题。我店革委会和有关业务部门同志与他们一起讨论了几次，通过互相交流，共同协商，对古书价格基本上取得了一致意见，并共同制订了一份古书主要品种价格目录，准备请示双方领导同意后试行。上述情况我店曾向市店领导口头汇报过，现再书面报告如下：

一、关于古书价格是不是要调整的问题。文化大革命以来，古书收销情况总的来说是求过于供，销大于收。因此中国书店和我店都主张古书价格可以在文化大革命前（1966年）价格的基础上部分调高一些，以利于促进收销。中国书店提出的意见是"大体稳定，部分调整"，他们在今年向上级报告中提了三点：（1）过去由于滞销价格偏低的品种（如《纲鉴易知录》，石印小套子书等），售价应适当提高；（2）大部头丛书（如《四部备要》《四部丛刊》《二十四史》等），价格一般不高，也可适当提高；（3）宋、元、明版本书和考古书，以前定价偏高，拟适当降低一些。他们这些意见和我们的看法大体也是一致的。1973年我店请示社、店领导同意，也曾对一部分古书价格适当调高，如过去因比较滞销而价格偏低的一部分商务、

中华版旧存书，一部分碑帖和画册，以及大部头丛书等等，对于宋、元、明版本书过去价格偏高，我店已在去年五月专门打报告请示领导同意后适当降低了一些，所以通过两店交流。我们的意见基本上是一致的：古书价格应在文化大革命前（1966年）价格的基础上保持相对稳定，个别或部分进行调整，调整的幅度一般在百分之二十至五十之间。

二、关于古书价格标准。为了使北京中国书店和我店的古书价格能达到大体一致，我们具体交流了1966年两店价格目录。在交流中发现，中国书店的古书价格普遍比我店高，原因是我店的价格标准基本上是1962年制订的，而中国书店在1964年调高过一次。由于两店文化大革命前的价格基础不一样，如果中国书店要再调高的话，势必会使我店的价格提高很多，并影响到全国古书价格发生较大的波动，中国书店同志考虑到这一情况，决定放弃在1964年价格的基础上再予提高的打算，而以中国书店1964年价格和我店1973年调整的价格为基础，略加平衡。在统一认识的基础上，我们共同议定了221种古书价格目录。按照这份价格目录，比我店1966年价格提高的67种，降低的11种，原价未动的65种；比我店1973年已调整过的价格提高的6种，降低的11种。在议价中，对少数品种，同意保留地区差价（北京略高于上海），差价幅度百分之二十左右，如四部备要平装本、《二十四史》，中国书店售价240元，我店售价200元。

我们认为，北京中国书店这次来人与我店共同协商价格，并制订了统一的价格目录，是文化大革命以后的新事物。……
通过文化大革命和学习无产阶级专政理论以后，大家对如何限
制商品制度、货币交换中的资产阶级法权，提高了认识，这次
共同协商价格也是学习理论联系实际的一个具体行动。

　　以上报告是否有当，请批示。

附件：中国书店·上海书店协议古籍价格目录

书名	版本	册数	北京价		7折批价	上海价	7折批价	建议价	
二十四史	中华标点	50	200元		250元	140元	200元	200元	200元
四部备要	缩印精装	2500	1500元		2000元	1600元	2000元	2000元	
〃	一般线	2500	1600元			1500元	1800元	1800元	
〃	托裱本	100	1600元			1500元	2000元	1800元	
〃	平装本	2500	1000元		1400元	1000元	1800元	1400元	
四部丛刊初编	一次印刷	2112			2000元	1600元	1800元	1600元	
〃	重印	2112			2000元	1500元	1300元	1500元	
〃	一次印刷	2100	1200元			1600元	1300元	1200元	
〃	重印	2100	1000元		1000元		1300元	1000元	
〃	缩印精装	110	400元		500元	400元	450元	450元	
〃	平装	440	300元		500元	300元	300元	300元	
四部丛刊二编		310	700元		800元	500元	800元	800元	
〃 三编		500	1200元		1200元	1400元	1200元	1200元	
古今图书集成	中华	808	1200元		1200元	1200元	1200元	1200元	
〃	图书馆	1608	250元		1200元	700元	1100元	1100元	
石印文房四之二集		600	1500元	1400元	3500元			3500元	
四库珍本		1160	1000元		1600元	1000元	1200元	1200元	
丛书集成 1-700	首来估	3467	1200元		2200元	1000元	2000元	2000元	
〃	重估	3467	1500元		2000元	1400元	1600元	1600元	
大清实录		1220	1000元			1800元		1000元	

书 名	版本	册数	北京价			上海价		现议价	
			批价	议价	73年后调价	议价	73年后调价	73年后调价	地区间批发价
大明实录 (科仓)		500				2000		2000	
文献丛编 (故宫)	石印	46	100	100		160		120	
玄览堂丛书 初集		120	200		240	300	350	300	
" 二集		120	200		200	250	250	200	
" 三集		32	80		80	70		80	
百川学海	陶刻	30	80		100	80		80	
"	影印陶刻	40	24		30	24		30	
玉海 (竹纸) 浙江书局		120	100		120	150	120	120	
玉海 (竹纸) 浙江书局		160	160		180	240		120	
" (竹纸) 永怀堂		160	80		100	120		100	
平津馆丛书	孙氏刊	52	80		80	80		80	
"	文华刊	50	40		60	60		60	
畿辅丛编	盛氏刊	10	60		80	80		80	
玉函山房书	商务印	48	200		180	200		180	
"	罗氏印	42	120		160	160		160	
"	小本	42	120		160	160		160	
聚学轩丛书	刊本	100	130		100	130		160	
玉简斋丛书	罗氏刻	20	20		30	30		30	
雪堂丛刻	罗氏刻	20	25		30	25	30	30	
经验楼丛书	盛氏刊	52	70		120	80		9/100 120	

书　名	板本	册数	北京价			上海价		建议价	
			公家价	收购价	门市零售加期	收购价	门市零售加期	收购同类定价	收购加期抽成价
毛西河全集 (竹纸)	刻本材料	84	140.-	160.-	200.-	160.-		160.-	
乐艳砂书 (补)	石印	80	2.5	20.-	40.-	20.-		学期24.- 门市25.-
锦海 (竹纸)	康熙刻本	100	120.-	150.-	240.-	100.-		150.-	
黎洲遗著汇刊 高锡印		20	8.-	8.-	10.-	8.-		8.-	
(续编)		20	4.5	8.5				8.-	
熟礼在斯堂丛书	罗振玉	12	20.-	20.-	20.-		30.-	20.-	
读右连丛书 44种	南林	111	400.-	450.-	400.-		400.-	450.-	
岭南遗书	粤雅堂印	60	120.-	160.-	160.-	120.-		160.-	
山左丛书初编	郑印石印	100	100.-	120.-	120.-	100.-		120.-	
岭南阁丛书	博古斋	60	3.5	4.5	50.-	3.5		4.5	
藏捕丛书 (钞)	来熏刻	440	200.-	800.-	400.-			800.-	
绍兴先正遗书 (竹纸)	来熏阁	96	100.-	120.-	120.-	100.-		120.-	
借月山房汇钞 宝刻印		120	100.-	130.-	160.-	120.-	160.-	120.-	
生氏丛书 (竹纸)	来熏阁	40	30.-	40.-	40.-	40.-		50.-	
师学整佳	图刷	10	20.-	2.5	3.5	1.5		2.5	
粤雅堂丛书 初刻本	来熏阁板	600	240.-	300.-	400.-	300.-		300.-	
〃 20续刻续集		320	200.-	220.-	300.-	200.-		220.-	
纪里铼编	影印	76	6.5	7.5	80.-	100.-		7.5	
后知不足斋丛书 32种	来熏本	64	120.-	150.-	150.-	100.-		150.-	
〃	石印本	32	60.-	60.-	60.-	40.-		60.-	

34

书名	板本	册数	北京价			上海价			现议价	
			定价	议价	对折议价	定价	对折议价	对折议价	收购同业的议价	出售的议价
鹗亭丛书 1-6集	石印白纸	36	29.-	35.-		35.-			36.-	
〃	〃	24	16.-	20.-					20.-	25.-
密韵楼丛书	商利宣	20	35.-	30.-	40.-	50.-			30.-	
玄览堂拟复	影印白纸	48	50.-	30.-	30.-	30.-	40.-		40.-	
〃 无纸		48	20.-	20.-		25.-	32.-		32.-	
湖北先正遗书 (7195)	楼价精印	150	100.-	150.-	200.-	85.-			100.-	120.-
湖北丛书 (6185)	无锡本	100	80.-	100.-	140.-	80.-			100.-	
洪北江全集 (6185)	老锈本	80	45.-	80.-	100.-	80.-			70.-	80.-
港研堂丛书 (6185)	老锈本	80	50.-	100.-	100.-	80.-			80.-	100.-
连山仙馆丛书	老锈本	100	45.-	80.-	80.-	80.-			80.-	80.-
汉魏丛书	石印精本	80	200.-	200.-	200.-	140.-			140.-	200.-
〃 珠海楼	商务印	40	25.-	40.-	35.-	35.-	40.-		40.-	
〃 遁记本	精装石印	80	50.-	80.-	120.-	30.-			30.-	
〃	石印白纸	32	15.-	15.-	20.-	10.-			15.-	
安徽丛书 1-6集	影印	128	200.-	300.-	300.-	200.-			300.-	
完寿别芝	影印	150	70.-	100.-	90.-	20.-			100.-	
学山阁丛书	排印本	180	200.-	240.-	250.-	150.-			240.-	
〃 花塔阁	影79.本	100	50.-	50.-	30.-	30.-			80.-	
泽连秘书	影印	200	150.-	250.-	300.-	180.-	240.-		240.-	250.-
正海丛书 1-10集	铅印	100	200.-	330.-	300.-	160.-			300.-	350.-

书　名	拓本	册数	北京价			上海价		现议价	
			出价	山价	近期议价	山价	近期已成交价	近期实价	实际成交价
浙江省金石录丛书之类	刻本	16	50.-	60.-	60.-	40.-		60.-	
涵芬楼秘笈	铅印本	50	50.-	60.-	80.-	60.-	80.-	60.-	
适园丛书	刻本	192	200.-	300.-	300.-	280.-		280.-	
	白纸	192	240.-	350.-		260.-		250.-	
连筠簃丛书	影刻本	36	100.-	160.-	160.-	100.-		160.-	
苏斋丛书	影印本	40	30.-	40.-	60.-	40.-		40.-	
喜咏轩丛书 1-5集	图印	42	200.-	250.-		200.-		250.-	
古画盦丛书	墨印	24	120.-	150.-	150.-	150.-	200.-	150.-	
楚画楼丛书	墨印	8	150.-	180.-	180.-	150.-		150.-	
艺术丛编	刻印	28	400.-	320.-	400.-	320.-		320.-	
宝礼堂丛书 1-4集	铅印	78	100.-	130.-	130.-	80.-	130.-	100.-	
艺海珠尘	加木刻	64	125.-	150.-	120.-	150.-		150.-	
古逸丛书	影刻版	49	300.-	350.-	400.-	350.-		300.-	
″	友纸	49	150.-	200.-	200.-	150.-		150.-	
″	白纸	49	60.-	70.-	100.-	60.-		70.-	70.-
″	竹纸	49						50.-	
″	宣纸	49						70.-	
士礼居丛书	排本	40	30.-	40.-	60.-	40.-	50.-	40.-	
″	初印本	30	15.-	25.-	25.-	15.-		25.-	
嘉草轩丛书	墨印	30	60.-	50.-	60.-	50.-		50.-	

56

书名	版本	册数	北京价			上海价		现议价	
			2年价	5年价	降级50价	2年价	降级5后可调最后价	现议价	降级后现在价
十万卷楼丛书	老缩印	120	150.-	180.-	200.-	120.-		180.-	
古书读本	铅印冷本	204	40.-	45.-	60.-	30.-		45.-	
古书丛刊 1-2集	影印	40	30.-	40.-	45.-	30.-		⁰35.-	⁰40.-
古书刊 上2集	铅印	32	40.-	50.-	60.-	40.-		50.-	
郋氏意与朋别吟榭刻的	老缩印	74	80.-	120.-	160.-	120.-		120.-	
木犀轩丛书	老缩印	32	50.-	70.-	60.-	60.-		60.-	
古今说部丛书	铅印老本	64	30.-	30.-	50.-	30.-		30.-	
抱经堂丛书	影缩印	100	250.-	350.-	300.-	250.-		250.-	
刊河海编	影印	100	80.-	100.-	120.-	85.-		100.-	
指海	影印	140	200.-	260.-	300.-	120.-		260.-	
春在堂丛书	老缩印	160	120.-	160.-	200.-	160.-		160.-	
择是居丛书	刻本	56	120.-	150.-	160.-	150.-		150.-	
袁门卧榻	刻印	76	70.-	80.-	100.-			80.-	
畔院方书选周合	石印	34	40.-	50.-	60.-	40.-		50.-	
聂蒂府稿	刻本	34	160.-		240.-	130.-		160.-	
顺代丛书	夕增刻印	160	300.-		300.-			⁰200.-	⁰300.-
墨海金壶	夕庆店石印	148	400.-		600.-			200.-	
	影印	160	180.-	240.-	240.-	200.-		240.-	
四明丛书1-8集	刻本	432	500.-	700.-	800.-	600.-		700.-	
半集		60	30.-		50.-			60.-	

书 名	板本	册数	北京价				上海价			现议价	
			24年价	26年价		73年底议价	24年价	73年底议价		73年底23同原价	现议价此较原价
四明丛书等之雄	刻本	84					30			70	
四部丛刊 等辑	印	50	300	300			30	300		80	
" 第二辑	印	80					120			150	
立部备要 第三辑	印	100					140			160	
刻印丛书 第二集	"	50					70			80	
学术丛编（二）	铅印	20		30	60	60				30	
历代小史	影印	40	30	30	600	240				50	
学津讨原	影印	200	300	300	600	240				300	
学海类编	影印	130	200	230	300	240				250	
刘中叔遗书	铅印	74	30	130	60	30	70			70	
"	宣代	74								80	
美中丛书	铅印	96	160	200	200	200				200	
知不足斋丛书	百衲画	280	30	100	160	100				100	
四八画	影印	240	100	190	200	120				120 / 180	
美术丛书1-4集	缘装	140	70	130	120	70				100	
精装		30	60		60	40	60			60	
金陵丛书1-4集	铅印	128	160	200	240					200	
楷陵轩丛书	未刊刻	120	100	140	160					120	
北京全书馆善本丛	影印	70	70	100		70				100	
元明善本丛书十种	影印	320	30	400		30				400	

书名	版本	册数	北京价			上海价		现议价	
			24年价	72年价	73年现议价	24年价	72年74年议价	72年现议价	现在议价
八年丛编	65印	32	30.-	50.-		60.-		60.-	
南画大成	布面	22	500.-	500.-		500.-	600.-	600.-	
〃	纸面	22				450.-		550.-	
支那文化史蹟	时印	12盒	200.-	200.-		200.-		200.-	
支那墨蹟大成	〃	12	200.-	250.-		250.-	360.-	360.-	
世界美术全集(正)	精装	36		200.-		150.-		200.-	
〃 (续)	〃	18		250.-		300.-		300.-	
支那名画宝鉴	初版	1		180.-		150.-		180.-	
〃	二次印	1		140.-		130.-		130.-	
唐宋元明清名画集大成	大本的	6	1400.-	1300.-		1600.-		1600.-	
〃	小本的	4	250.-	280.-		300.-		300.-	
东京城	原装精印的	1		200.-		250.-		200.-	
牧羊城		1		250.-		200.-		250.-	
南山里	〃	1		250.-		200.-		200.-	
营城子	〃	1		250.-				200.-	
貔子窝	〃	1		300.-		300.-		260.-	
赤峰红山后	〃	1		300.-		200.-		260.-	
南阳等画象	甚大	2		150.-		200.-		180.-	
洛阳金村古墓聚英	时印	1		200.-		250.-		200.-	
支那古铜精华	〃	7		2000.-		1800.-		1800.-	

上海书店供版

39

书名	板本	册数	北京价			上海价			现议价	
			旧价	新价	73年调整后定价	旧价	73年调整后定价	现议价	现议价	73年调整后定价
支那佛教史迹	日本印	5		1200-		1200-		1200-		
小屯	甲编	1		180-		240-		180-		
〃	乙编上中	2		180-		240-		180-		
十三经注疏	江西局	16本	50-	80-		30-	50-		40-	20-
〃	竹纸	160		80-	80-		45-		65-	30-
〃	加纸 广板	120	60-	80-		25-		40-		80-
〃	竹纸	120			80-		20-		35-	30-
全唐文 (嘉庆本)	扬州局	500	600-	1000-	800-			1000-		
〃	广板	240	400-	600-	800-	25-		240-		
全唐诗 (康熙)	殿板	120	240-	240-		300-		300-		
〃 (广印)		120				100-		120-		
〃 (文印)		120								
〃	局印	32	32-	40-	30-		30-	50-		
曾文正全集	传忠	120	45-	35-		30-		60-	25-	
〃	竹纸	120	55-	5800		15-		40-	35-	40-
〃	毛太纸	120	40-	45-		15-		30-	35-	40-
〃	石印线	22				15-		30-		
〃	洋装	22				7-	15-		15-	
曾文正日记	影印	40	20-	22-		12-		12-	30-	
变选 (铅印)	胡刻	28	40-	60-	60-			40-	30-	

书名	版本	册数	北京价			上海价		现议价	
			收价	卖价	调价	收价	卖价	收价	卖价
文选	崇文局	24	12.—	18.—	20.—	10.—		14.—	18.—
〃	石刻	24	16.—	18.—		10.—		14.—	18.—
〃 (白纸)	涵芬楼	12			30.—	12.—		12.—	
〃 (白纸)	〃 颜刻	12	6.—	8.—	10.—	4.—	5.—	6.—	8.—
〃 (白纸)	金陵局	10	6.—	8.—	10.—	4.—	5.—	10.—	
〃 (白纸)	影印胡刻	16	5.—		8.—	5.—	8.—	8.—	
百子全书 (白纸)	湖北局	110	45.—	60.—	60.—	25.—	30.—	60.—	70.—
〃 (竹纸)	〃	110	40.—	50.—	50.—	30.—	50.—	30.—	60.—
〃 (白纸)	扫叶楼	80	20.—	30.—	30.—	16.—	30.—	30.—	
〃 (夫纸)	〃	80	16.—	24.—	25.—	12.—	24.—	24.—	
康熙字典 (白纸)	大木板	40	16.—			4.—	10.—	12.—	16.—
〃	宝墨斋欣赏书画	37	4.—	4.—		5.—	6.—	6.—	8.—
〃	唥洞	12	8.—	10.—		8.—		12.—	
〃	同文书局	60	8.—	8.—		4.—	5.—	5.—	8.—
太平御览	蛇刻	120		200.—		120.—		100.—	160.—
〃	宁板	120		160.—		120.—		100.—	140.—
玉海纪事本末	宁板	136		100.—		60.—		60.—	
〃 (白纸)	江西局	120						50.—	
〃 (黄纸)	〃	120						45.—	
九朝纪事本末	石印	56						20.—	30.—

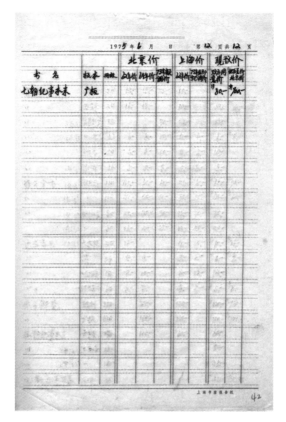

上海书店革命委员会

1975 年 8 月 11 日

编者按：本件主送上海新华书店革委会。11 月 3 日市店给出的"批示"："经办公会议讨论后请示党委老洪、老潘，同意先试行一段时期，总结一下后再决定。若上级有新的精神则按新的精神办"。

报批"关于出版社通知报废和不能发行的社科、文艺类图书的处理意见"

自 1971 年中共中央、国务院召开出版工作座谈会以来，各地出版社对无产阶级文化大革命前出版的一般图书的处理，大体已告一段落。在处理图书中，对社会科学、文学艺术类图书，有相当大一部分是通知作"报废"或"不能发行、酌留备查"处理的。对这一部分通知"报废"和"不能发行、酌留备查"的图书我们书店应如何处理？出版工作座谈会文件指出："不能发行的图书，可留作批判之用，一般不要销毁"。1971 年 5 月，我店也曾为此打报告请示新闻出版团部，经团部批复同意对报废图书中点名批判的毒草书、重印的有黄色内容的古代著作和一些资料书，上海书店可以保留一部分，"以备不时之需"。最近，我们在学习无产阶级专政理论时，又结合有关专题进行了讨论，并收集了一部分样书进行分析研究，还征求了复旦大学有关系负责教研工作同志的意见。拟订了"关于出版社通知报废和不能发行的社科、文艺类图书的处理意见"。现将这一意见报请审核，是否有当，请批复。

1975 年 10 月 7 日

附件：

上海书店关于出版社通知报废和不能发行的社会科学、
文学艺术类图书的处理意见

出版社和新华书店通知"报废"，"不能发行，酌留备查"的社会科学、文学艺术类图书，有的是点名批判的毒草书，有的是有错误的甚至是严重错误的图书。1971年中央召开的出版工作座谈会文件指出："不能发行的图书，可留作批判之用，一般不要销毁"根据这一精神，我店拟分别图书的不同情况，对其中一部分图书适当保留一些，供有关单位批判研究之用。

一、保留图书的范围：

（一）解放后重印的有错误内容或有黄色描写的古代著作。例如：《北游录》，清·谈迁著（前有吴晗代序《爱国的历史学家谈迁》）；《陈确哲学选集》，侯外庐等编辑；《初刻拍案惊奇》明·凌濛初著；《三侠五义》，清·石玉昆著；《挂枝儿》《山歌》，明·冯梦龙辑。

（二）历史资料和史学著作，例如：《忠王李秀成自传原稿笺证》，罗尔纲著；《辛亥革命首义回忆录》，政协湖北省委员会编；《现代国际关系史参考资料（1933—1939）》，国际关系学院编；《亚洲各国近代史讲义》，王启民等编；《中华人民共和国史稿》，北京师范学院历史系编。

（三）夹有宣传错误路线或错误路线头子言论的某些党史资料和革命回忆录。例如，《星火燎原》《红旗飘飘》(丛刊)，《解放战争回忆录》，《中国工农红军第一方面军长征记》等。

（四）修正主义文学理论代表著作和其他有错误的哲学、文学、政治经济学等理论著作，例如：《文学的基本原理》，以群主编；《斯坦尼斯拉夫斯基全集》；《政治经济学教科书》（修订第三版），苏联科学院经济研究所编（该书经我店向人民出版社建议改为内售，出版社已表示同意）。通俗性的理论著作一般不保留。

（五）文学作品和文学评论、文学史著作。文学作品品种较多，一般的小说、诗歌散文等，均可考虑报废销毁，只留其中较有代表性的著作。例如：《骆驼集》《雄鸡集》，郭沫若著；《铁道游击队》，知侠著；《黎明的河边》，峻青著；外国文学如《普通一兵——亚历山大·马特洛索夫》，苏·茹尔巴著。文学史和文学评论，如：《中国现代文学史》，吉林大学中文系编；《论茅盾四十年的文学道路》，叶子铭著。有一定历史资料参考价值的报告文学、诗歌和民间文学，也可适当保留，如：《上海解放十年》；《朝鲜通讯报告集》；《南线巡回》《北线凯歌》，穆欣著（该二书记载第三次国内革命战争时期我第二野战军第四兵团作战经过）；《六月霜》，静观子著（本书为记述秋瑾就义经过的小说）；以及《捻军歌谣》《中国近代反帝反封建历史歌谣选》《中国历代农民问题文学资料》等。

（六）艺术作品和艺术理论，包括音乐、戏剧、美术等，酌留其中较有代表性的著作。例如：《黄河大合唱》，冼星海曲，光未然词；《舞台生涯》，卓别林著；《奥瑟罗导演计划》，斯坦尼斯拉夫斯基著；《希腊雕刻简史》，唐德鉴编著。

（七）工具书。如《同书异名通检》，杜信孚编（该书在1975年第二期《天津师院学报》上曾作为研究儒法斗争史参考工具书介绍过）；《历代妇女著作考》，胡文楷著；《中国现代文学作家作品评论资料索引》，福建师院中文系编。

（八）点名批判的毒草书，机会主义路线代表人物的著作和苏修文件。例如：《上海的早晨》，周而复著；《三家巷》、《苦斗》，欧阳山著；……《苏联共产党第二十次代表大会文件汇编》、《苏联共产党第二十一次非常代表大会文献》等。这类书保留数量一般不超过30本，应控制供应确有批判需要的单位。

以上需要保留的图书，应依靠群众。逐本进行研究，郑重对待，防止草率从事；有的还可征求原出版社的意见，保留图书的数量一般不要过多，过多的部分可以报废销毁。

除上述以外的一般政治时事宣传、学习辅导、青年修养和各种通俗读物、少儿读物、活页文选等，凡是出版社、新华书店已通知"报废"或"不能发行"的，均可报废销毁。

二、保留图书的供应办法：

（一）保留图书的目的是为了提供批判资料，不是作为一般阅读用的。因此一定要供应给确有批判需要的单位，防止无目的地供应。

（二）保留图书的供应对象。一般只限于省市图书馆、大专院校（文科）图书馆和有关的专业单位。有的工厂、机关、学校、公社、部队等单位如确有需要某种图书作批判用时，应说明需要理由，经购书单位上级领导机关批准后再予供应。有的也可通过借阅解决。

（三）保留图书中的毒草小说。有黄色内容的古代著作……以及其他有严重政治错误、副作用较大的图书，更应从严掌握，在内部书架上也不要陈列。有单位点名需要时再予供应。

1975 年 10 月

编者按：本件主送上海新华书店革委会。市店黄巨清同志在10月25日"批示"，"上海书店的意见，我同业务组研究是可行的，但供应这些书时必须掌握从严，并是有一定手续。内部管理也应有制度"。

关于收进三册党在早期秘密出版的刊物的情况汇报

平凉路新华书店与上海书店合办的许昌路联合收购处，最近在整理长阳中学送来的一批图书中，发现三册中国共产党在1929年秘密出版的刊物：《中央通讯》第二期和《政治通讯》第三期第一集、第五集各一册，都是线装油印本。现将有关情况汇报：

《中央通讯》是当时中国共产党中央在上海秘密出版的不定期刊物，是中央文件汇编性的刊物，只发给党内一部分同志。我们收进的此刊第二期出版在1929年1月24日，封面以《手抄袖珍玉历至宝抄》的书名为掩护，通称"伪装本"。

《政治通讯》封面的书名签条已脱落，尚留有明显的痕迹，估计也是以其他书名为掩护的，也是"伪装本"。从《中央通讯》第二期和此册的"编者附志"的说明和出版时间看来，《政治通讯》第三期第一集是接《中央通讯》第二期的。《中央通讯》第二期最后所列"中央出版的刊物"的简表中只有《中央通讯》，没有《政治通讯》这一刊物，这也可说明《政治通讯》是《中央通讯》的改名。根据此册的"编者附志"说，《政治通讯》第三期共有五集。我们收进的是第一集和第五集，缺失第二集至第四集。

这几种刊物上海书店过去都没有收到过，上海图书馆和本市其他有关单位有没有这几种刊物保存，我们没有联系过，现在还不清楚，这三册刊物收编了中国共产党第六次全国代表大会以后，1928年9月到1929年2月这一段时间内的不少党的重要文件，这些文件总的是传达和贯彻党的"六大"精神的。

毛主席在《学习和时局》这篇重要著作中曾经指出："第六次全国代表大会的路线是基本上正确的，因为它确定了现时革命的资产阶级民主主义性质，确定了当时形势是处在两个革命高潮之间，批判了机会主义和盲动主义，发布了十大纲领等，这些都是正确的，第六次全国代表大会亦有缺点，例如没有指出中国革命的极大的长期性和农村根据地在中国革命中的极大的重要性，以及还有其他若干缺点或错误，但无论如何，第六次全国代表大会在我党历史上是起了进步作用的。"

因此，这三册刊物保存的党内文件，是今天研究中国共产党历史的重要的有价值的资料，刊物本身也属于稀少的中国共产党的历史文物。一个中学校的图书室怎么会有早期出版的党刊?《政治通讯》第三期还缺少二至四集，是否还有可能在该校图书室? 为此，我们在本月21、22日特地到长阳中学进行访问，了解有关情况，据他们说，该校是在1964年创办的，无产阶级文化大革命期间图书室存书曾有一大批散失，也有一部分抄家书混入，这些早期出版的党刊怎么来的，弄不清楚。他们图书室的存书基本上已清理好，该处理的都已处理了。我们翻检了他们不向学生出借的，无产阶级文化大革命前出版的和解放前出版的存书，没有再发现党早期出版的刊物。

现将收到的《中央通讯》第二期和《政治通讯》第三期第一集、第五集中的"编者附志"和"目录"等都照录另附，并附书影十四帧，供了解。

平凉路新华书店

上海书店

1975 年 11 月 25 日

> 编者按：本件主送上海新华书店党委，抄报上海人民出版社党委。市店 12 月 1 日回复："市店业务组有关同志阅后归档"。

汇报发现《戚蓼生序本石头记》抄本的一些情况

我们最近在古书残本栈房中发现了半部《戚蓼生序本石头记》的抄本（下简称"抄本"）。这部"抄本"原有八十回，分订二十册，我们发现的是一至四十回，共十册，缺失四十一至八十回。

最近北京人民文学出版社出版的《戚蓼生序本石头记》（下简称"人文版戚本"），是根据解放前有正书局石印《国初抄本原本红楼梦》（下篇称"有正版戚本"）影印的，而"有正版戚本"根据的原本就是我们发现的这部"抄本"，我们把"有正版戚本"与"抄本"粗略地核对了一下，发现"抄本"中原有的几处朱印篆章，"有正版戚本"都没有了。"抄本"序文第一页右下角原有"桐城张氏珍藏"印章，目录第一页右下角原有"桐城守诠子珍藏印"印章，第一回和第五回开头第一页右下角都有"□珠室"印章。这些印章有正书局制版时都被修去了，如序文第一行末尾四字修描过的痕迹明显可辨。

"人文版戚本"《出版说明》中说："有正书局据以印行的底本已遭火毁"。这一说法可能是根据1963年第三期《图书馆》季刊发表的陈仲篪《〈脂砚斋重评石头记〉摭谈》一文中所说，有正版据以石印的成本原本"于一九二七年毁于火"而来的，从我们这半部"抄本"的发现证明这一说法是有出入的，是不是我们发现的一部下半部已毁于火呢？还是收藏者秘不示人，故意制造"毁于火"的说法呢？这就不得而知了。

"人文版戚本"《出版说明》中说："戚本的原本是清乾隆时人戚蓼生的收藏本。约在清末光绪年间，俞明震疑得到了一部戚本，俞得本是否即为戚蓼生原物，虽不敢遽定，但从各种情况判断，应是乾隆旧抄。俞得本后归狄葆贤，狄付石印，即有正本。"据我们看到的一些资料，也有另一种说法。如商务印书馆香港分馆出版的《艺林丛录》第七编中吴则虞"记夏别士"一文中说："有正书局影印戚本《红楼梦》，狄平子以百金得之别士。题曰：'国初原本'，有意欺人耳"。（"夏别士"即"夏曾佑"，"狄平子"即"狄葆贤"）。

我们发现的半部"抄本"是在无产阶级文化大革命前收进的，当时经手同志不了解，就作为一般的残本古书送进残本栈房了。据大家回忆，我们曾在1959、1960年间向有正书局创办人狄平子的后人收购过几批古书，这半部抄本很可能就是杂在里面一起收进的。下半部是否还存在，不知流落到那里去了，我们准备再找些线索访求一下。

以上先将发现《戚蓼生序本石头记》抄本的情况简单汇报。从这一事件中使我们深深感到，今后对古书收购工作还应给予一定的重视；同时我们的古书栈房中尚有一大批古书堆积，没有经过清理，也应立即组织人力进行清理。

上海书店

1975 年 11 月 8 日

编者按：本件主送上海新华书店党委，抄报人民出版社党委。11月15日"批示"显示，市店领导都已"阅"。

报批一批报废的多复本旧期刊

最近我们又整理出一批解放前出版的社科文艺类旧期刊的多复本，经过有关人员研究，准备作报废处理。解放前出版的旧期刊内容情况比较复杂，我店都凭证供应单位。而单位都需要整套的，除了偶有配缺外，一般都不购买另本；即使配缺，也往往单位的缺期，也是我店的缺期，因此多复本一般都无必要保留。

这些期刊除了整套的和略有缺期的预备套全部保留外，现有的另本也每期都酌留一定的数字以备单位补缺。这批多复本期刊无产阶级文化大革命前就已另行存放，准备作报废处理的。现将期刊名称、保留数、报废数列表送请审核。请批示。

1975 年 11 月 13 日

刊　名	成套的整套	全部保留有预备套	另本每期保留数	多复本报废数
《天地》	20 套	2 套	10 本	400 本
《文友》	3 套	4 套	10 本	500 本
《现世报》		1 套		112 本
《紫罗兰》(1—18 期)	16 套		5 本	100 本
《紫罗兰》(大东版)	5 套	1 套	5 本	500 本
《红玫瑰》	12 套	7 套	5 本	2000 本
《红杂志》	15 套	2 套	5 本	100 本
《海光》		2 套		1038 本
《群言》		2 套	5 本	100 本
《启示》	22 套			57 本
《学艺》			20 本	3700 本
《风雨谈》	8 套		10 本	400 本
《邮学月刊》			20 本	435 本

刊　　名	成套的整套	全部保留有预备套	另本每期保留数	多复本报废数
《旅行杂志》	3 套	9 套	20 本	6000 本
《时代》		4 套	50 本	10000 本
《自修》	2 套	2 套	5 本	3772 本
《苏联文艺》	18 套	3 套	20 本	1200 本
《国讯》		3 套	20 本	500 本
《时与文》	13 套	1 套	20 本	2500 本
《人间》	2 套	2 套	20 本	400 本
《大学评论》			20 本	600 本
《妇女杂志》	3 套	4 套	30 本	1500 本
《文学杂志》	3 套		30 本	500 本
《人间世》	15 套	14 套	20 本	2100 本
《文艺春秋》	3 套	6 套	30 本	2600 本
《古今》	25 套	9 套	30 本	3000 本
《宇宙风》	4 套	12 套	30 本	1500 本
《宇宙风》乙刊	6 套	10 套	20 本	200 本
《论语》	6 套	8 套	30 本	3000 本
《京沪周刊》	2 套	5 套	10 本	500 本
《读书与出版》	9 套	4 套	30 本	1400 本
《出版周刊》	5 套	5 套	5 本	1000 本
《经济评论》	4 套	5 套	10 本	1000 本
《世界杂志》世界版	34 套	1 套	5 本	100 本
《国文月刊》41 期后		5 套	20 本	800 本
《时代漫画》	7 套			468 本
《月刊》	10 套	4 套	20 本	220 本
《人言周刊》	2 套		5 本	300 本
《小说世界》	6 套	8 套	30 本	2000 本
《小说月报》(联华版)	15 套	11 套	20 本	1500 本
《小说月刊》艺文印刷局	2 套	3 套	20 本	2000 本
《新影坛》	24 套			250 本
《电影杂志》	21 套	8 套		135 本

总计　　60487 本

报批旧碑帖审读把关规定的修改补充意见

今年 7 月间，上海图书馆曾将原文清组移交给他们的一批旧碑帖（约五万册）作价转给了我店。这批旧碑帖经过整理后已在古籍门市开始供应，由于旧碑帖情况比较复杂，而购买的很大一部分又是青年，在供应前认真审查，加强政治把关工作是非常必要的。我们曾在 1973 年制订过一份关于旧碑帖审读把关的试行规定，最近二年来经过批林批孔运动和学习无产阶级专政理论，这份规定有些已不能适应形势发展的要求，因此我们经过讨论又搞了一份修改补充意见。现将拟定的《关于旧碑帖审读把关规定的一些修改补充意见》报请审批，并附原规定供了解。另外，我们又拟了一份关于旧碑帖的说明，标题是《对古代碑帖的封建内容必须加以批判》，准备铅字排印后夹在供应的旧碑帖中。此稿一并送请审核。

上海书店革命委员会

1975 年 11 月 28 日

上海书店关于旧碑帖审读把关规定的一些修改补充意见

为了更好适应批林批孔运动和学习无产阶级专政理论后形势发展的要求，进一步做好旧碑帖的供应工作，现对本店1973年2月制订的《关于旧碑帖审读把关的试行规定》，提出如下修改补充意见：

一、凡集中宣扬孔孟之道、程朱理学封建旧礼教的碑帖如《文天祥忠孝碑》《张廷济王翁友图书后》等，均在内部凭证供应。此类碑帖中如著名书法家书写，有一定书法艺术价值的，如虞世南的《孔子庙堂碑》、智永的《真草千字文》、赵孟頫的《六体千字文》等，可在门市被动供应。

二、对于尊儒反法代表人物所书写或根据其作品所书写的碑帖，如朱熹的《紫阳遗墨》、王阳明的《矫亭记》、成亲王书《进学解》，可在门市被动供应。

三、书写佛教、道教经书的碑帖以及赞颂某法师、和尚、道士，其内容较多地宣扬宗教迷信的，如《妙法莲花经》《心经》《群仙高会赋》等在"三门"供应；如果这类碑帖内容问题不大，且有书法艺术价值的如《柳书金刚经》《九成宫》《玄秘塔碑》《欧书黄叶和俭墓志》等在门市供应。

四、墓志碑铭，如系太平天国革命（即公元1851年—1864年）以后的，往往问题较多，原则上都在"三门"凭证供应。公元 1851 年以前的，如对农民起义没有什么污蔑，宣扬封建道德不是很突出，且有一定书法艺术价值的可在门市供应；如果有问题的，在内部凭证供应。

五、以青少年为主要对象的旧习字帖，如内容不健康，宣扬山林隐逸的"清高""闲适"生活及封建道德修养的，均不在门市供应，如《四时读书乐》《古格言》等。如这类碑帖中具有一定艺术价值的可在内部凭证供应。

六、丛帖可掌握其基本倾向，如问题较多的在内部供应；如问题不大的则在门市供应。

七、石印本旧碑帖内容有问题，又无艺术价值的，可经本店业务组同意后报废。

1975 年 11 月

上海书店收购组同志积极开展联合回收旧书工作

......

联合回收旧书，并经过整理后再向里弄和大队图书室进行有组织地供应，是书店同志们通过无产阶级专政理论学习在旧书回收和销售工作中创造的一项新事物。自去年六月份开始在普陀区进行试点以来，到目前为止，上海书店在各区新华书店的配合下，已先后在卢湾、南市、杨浦、闸北、黄浦共六个区开展了单位图书联合回收工作，通过回收和整理，共计回收了图书、连环画、杂志50万余册，其中可以向向阳院和农村大队供应的1972年以后出版的各类革命书刊45万4千余册，另外还整理报废了一些政治内容不好的和过时的书刊报纸12万1千余斤。同时在各区、县党委和图书馆的领导和支持下，已向普陀、卢湾、南市、闸北、黄浦五个区57个街道611个里弄，供应了各类革命书刊20万7千余册，向嘉定，南汇二个县九个公社1120个大队供应了各类革命书刊6万余册。受到广大青少年、贫下中农的欢迎，对巩固和发展里弄向阳院和农村生产大队图书室起了一定作用。

......为了进一步做好单位图书联合回收和供应工作，上海书店单位图书收购组的同志们通过前一时期工作的小结，还制订了下阶段的计划工作，准备第二季度内在徐汇和虹口两个区，第三季度内在静安和长宁两个区分批开展单位图书联合回收工作；对已搞过联合回收工作的六个区，除原有收购处的区之外，有条件的区都要设立定点收购点，进一步做好单位和读者的图书回收，以配合社会主义革命和社会主义建设，巩固无产阶级专政作出新的贡献。在旧书销售工作方面，联合收购组的同志们还组织了流动供应小分队深入街道、人民公社送书上门热情地为青少年和贫下中农服务，最近将继续去宝山、南汇、青浦三个县的人民公社、大队进行流动供应，以协助这些地区建立和巩固大队图书室。同时，通过调查研究，还准备在4月初对上海警备区某团所属连队进行流动供应的试点，以协助他们的连队巩固和建立图书室，在取得经验后再加以推广。

......

（上海新华书店党委办公室《发行简报》

第 5 期 1976 年 3 月 31 日）

人人争当战斗员
——记上海书店群众抓店堂阶级斗争的故事

上海书店的干部、党员、民兵和革命群众，……很多同志站柜台，不忘阶级斗争，密切注意店堂阶级斗争新动向，既是马列主义宣传员、又是阶级斗争的战斗员，涌现了很多好人好事，下面简报该店革命群众抓店堂阶级斗争的三则故事。

（一）决不让散布谣言的坏家伙溜掉

今年 4 月 10 日下午三时，……有一个三十来岁、戴黑边眼镜的人来到古籍门市部，自称是 ×× 厂搞政宣工作的，把二首伪造的所谓毛主席诗词递给营业员，说什么"外面很多人都在传阅这两首诗词，我想你们也很需要，故送给你们看看。"说完转身就走了。当天支部组织群众继续认真学习中央两个决议，……同时传达中央公安部和市委负责同志关于追查反革命政治谣言的精神，会上许多同志联系实际边学、边议，很自然的议论到门市部有人送伪造诗词这件事，你一言、我一语议开了，……有的同志说"市委负责同志明确指出伪造诗词是政治谣言，指示要彻底追查，为什么还有人竟唱对台戏，妄图利用我们书店这块宣传阵地传播反革命谣言？"大家越议越觉得有问题，认为这是社会上阶级斗争在店堂的反映，大家还回忆这人的年龄、身材、口音、特征，向支部和市店党委作了汇报。

市店保卫部门和支部有关同志根据群众提供的线索，多次到有关部门调查，但始终没找到这个人，同志们心里很着急，……纷纷表示，决不让散布政治谣言的坏家伙溜掉，许多同志又进一步向组织反映情况：这个人一个月总要来门市一、二次，估计可能还会出现。在这段时间里，营业员都注意这个人的行踪。果真不出所料，4月底，这个家伙突然出现在门市部，我们的民兵战士、营业员同志立即走出柜台，果断地抓住他，这个家伙做贼心虚，在群众专政面前，吓得脸色发白、两手发抖。据查明，这是一个出身在反动家庭、本人犯有强奸幼女罪行的坏家伙。

（二）智擒流氓犯

上海书店福门服务组绝大多数是女同志。五月二十一日中午，有一流氓打电话到门市作恶，讲的都是些侮辱妇女同志的流氓语言，接电话同志听了非常气愤，敏锐地感到这是阶级斗争的反映，当场就给予坚决的回击。但事情并未就此结束，这个坏蛋每天总要来电作恶，多数是中午和五点钟前后，每次都重复着那些低级下流的流氓语言，一直作恶了三个多星期，严重地干扰书店的服务工作、影响了营业员的学习和休息，激起了群众的义愤，大家认为这是一场严重的阶级斗争，不仅在电话中和他斗，还要进一步想办法抓他。但是，上海这么大，电话线路这么多，每次作恶时间这么短，怎么抓法？有少数同志表现出畏难情绪。通过学习和批判，同志们提高了认识，……大家统一了思想、鼓舞了斗志、树立了信心，群策群力想办法。他们和电话局取得联系，这个坏家伙电话来了，接电话的同志和他磨时间，其他同志通知电话局，要求他们协助找出对方电话号码和单位。但是因为通话时间短，第一次第二次都没有查到，而坏蛋的电话还是一次又一次打来作恶。同志们又想到群众专政和专政机关结合起来，布下天罗地网，一定能抓到。于是他们又和公安部门取得联系，区公安局专门派了同志深入到书店了解罪犯作案情况，和书店同志共同制定作战计划，给书店同志增强了和坏蛋作斗争的必胜信心。服务组全体动员、人人参战，中午休息时间增加两个人值班守在电话旁，区公安局的同志也同时守在电话旁，一直坚持了半个多月。6 月 20 日 5 点钟该犯又来电作恶，接电话的小黄，总结了群众多次与流氓犯作斗争的经验，机智沉着，千方百计和对方磨时间，其他同志按照原来分工和作战计划分别与公安局等有关部门联系，有的同志在电话旁写字条鼓励小黄下定决心、排除万难，争取胜利。在同志们的支持下，小黄坚持和流氓犯智斗了五十五分钟，因为拖长了时间，使电话局有足够的时间从线路中查到对方的号码和单位，据查明原来是 ×× 路 ×× 房管所 ×× 管养段的几个坏家伙作的案。当公安局同志赶往管养段的时候，这几个坏家伙还拎着电话筒在作恶，当场被拘留审查。流氓犯终于抓到了，消息传到上海书店，大快人心，个个脸上露出胜利的喜悦。上海书店抓住这个反面教材，把流氓犯押到店堂开现场批判会，……使大家受到一次生动深刻的阶级斗争教育。……

（三）收购处也是阶级斗争的战场

今年五月九日，上海书店收购处来了一个 30 多岁的中年人，叫张××，他手里拿着一部《殷历谱》的古书，要卖给书店。此书社会上比较稀少，对研究古代历史有一定的参考价值，门市售价 200 元。营业员把书翻了翻，发现书中夹有《殷历谱》作者送给友人的字条，大家分析藏书人在旧社会很可能是有相当地位和相当文化的旧文人，但查看了张××的证件，感到这本藏书与卖者的年龄和职业不相称、又看到陪同来卖书的几个人打扮、说话与众不同，作风不正派，营业员便查问这本书的来历，张××回答说是他父亲的，营业员想起收购处多年来一桩桩阶级斗争的事实，认识到收购处也是阶级斗争的战场，故意把收购价格压低 50 元，试探他的反应。当时，张××很高兴，拿到钱就迅速离开。这一系列不正常的表现引起营业员同志的深思，事情发生后，同志们进行了分析，感到问题很大，及时地向有关领导进行汇报。有关同志带着问题到张××的里弄组织调查，了解到张的父亲是电车售票员，文化低、思想后进，平时不看报、不看书，家里连一张报纸也没有，不可能有这种古书。同时干部和群众反映：张××一家原来经济很困难，兄弟两人在文化革命中打砸抢、到处偷窃，发了横财。现在吃的、用的、穿的都很讲究。有关同志又来到张××工厂的组织，调查他的表现并把收购处发生的情况和群众的反映转告组织，原来该厂对张××的经济反常、文化大革命中偷窃抄家物资早有怀疑，但是此人狡猾、制造假象，组织一时缺乏可靠的材料，长期作为悬案挂起来。这次上海书店主动把阶级斗争的材料送上门，他们十分感激，连声道谢说"太好了、太好了，你们是雪中送炭。"书店提供了材料，对他们进一步揭开阶级斗争的盖子，破悬案起了很大的作用，受到工厂的好评。

（上海新华书店党委办公室《发行简报》

第 17 期 1976 年 8 月 3 日）

1977 年

革新时期

1977 年，重新开始

◆ 汪耀华

　　上海书店在 1966—1976 年这十年中，因为政治、文化大环境的制约，使得业务的开展缩手缩脚。1976 年 10 月，粉碎"四人帮"，国家开始逐步走向正轨，上海书店也开始步入恢复、革新阶段。

　　据上海新华书店《发行简报》(1978 年 1 月 27 日) 披露，1977 年，在清查与"四人帮"篡党夺权有关的人和事，从政治上、思想上、组织上对"四人帮"帮派体系流毒在书店的表现和反映进行深刻的揭露和批判，对涉及面广、影响大的所谓上海书店三次调查组等问题和造成的恶果，进行专题清查。"上海书店三次调查组"事件，基本上是上海书店有同事反映书店班子存在问题，要求上级领导予以解决，于是，上海新华书店委派调查组下基层进行调研……笔者曾就这些已成往事的事情询问过多位当事人，虽然往事不堪回首也各有表述，但当年的积极分子对时任领导缺乏信任，对企业经营乏力出现大面积亏损等问题始终以一种"主人翁"姿态勇于参政议政的过程，今天看来还是有可取之处的。

　　1977年开始，许多曾受"四人帮"迫害的老作家和文艺单位，纷纷到上海书店选购有关图书资料，老作家巴金"文化大革命"后第一次来书店购书，他买到自己创作的《巴金文集》和谢冰心写的《关于女人》时非常高兴。并且代冰心买了一本《关于女人》。儿童文学作家陈伯吹几次到上海书店购书，他自己的书几乎都没有了。因此在书店见到儿童文学作品都要买，他说，你们保存了文化，真正发挥了作用，现在哪里还能找到这些书啊！他在报刊上陆续发表了三篇文章，他说："我的文章能写出来，首先要感谢书店的支持。"著名剧作家于伶长期受"四人帮"迫害，被关押九年，抄家十次，所有图书被搞光，粉碎"四人帮"，他获得第二次解放，多次到书店选购图书资料，他要写一本歌颂毛主席初期革命活动的剧本，要求书店支持。上海书店同志主动热情为他选配了《西行漫记》《续西行漫记》《星火燎原》《1919—1927年的中国工人运动》《五卅运动片段回忆录》等一批已经流传不多的革命回忆录。著名美术理论家王朝闻也到上海书店选购了不少书，他看到书店还有很多书供应，很高兴。他需要一本有鲁迅序的长篇讽刺小说《何典》。营业员设法为他找到后他激动地说："我到处找这本书找不到，现在在你们这里找到了非常感谢，非常感谢！"临走时他要营业员在这本书上签名留念。导演汤晓丹，作曲家王云阶，作家杜宣、芦芒、柯灵等，都曾来上海书店买书，正在北京的作家唐弢也多次来信要购买有关研究鲁迅的书，作家茹志鹃托人购买她的小说集《高高的白杨树》。"透过老作家前来书店购买这一新气象，我们看到老作家在粉碎'四人帮'后思想面貌变了样，精神大解放。一个百花争妍，文艺创作繁荣的新局面就会很快出现。"

市内外文艺单位来上海书店要求购买的也很多，上海电影制片厂筹备拍摄一部反映老沙皇侵略我国东北历史的故事片。营业员根据他们的要求，选配了有关描述 16 世纪前后我国东北少数民族历史、风俗、服装等图书，以及有关沙俄和哥萨克民族的小说、历史等资料。该厂副导演王大为导演故事片《斗熊》，买了一部分有关导演和摄影方面的书，很高兴。珠江电影制片厂、峨嵋电影制片厂、上海电影译制厂等也都在书店选配了外国十八、十九世纪文学名著。上海话剧团编剧、演员买了剧本《上海战歌》（即《姜花开了的时候》)、《牛虻》，斯坦尼斯拉夫斯基的著作和有关表演技巧方面的书，上海乐团的同志也在书店买了很多音乐书，他们说：这些书我们过去都有，在"四人帮"横行的日子里，当废品秤光了，我们搞创作，没有曲谱就用手抄，抄得苦煞，既废时又废力，现在买到了，心里说不出的高兴。北京电视台派人来寻找瞎子阿炳曲集，上海京剧团来店买了四十多本《杨门女将》和有关曲调、身段等方面的书。他们说，我们能很快把《杨门女将》排演出来，和书店的支持是分不开的，老演员李家载来店代著名京剧演员俞振飞买了一本《粟庐曲谱》，说：现在很多同志要买这本书，但书少不容易买到，俞老买了一定很高兴。

许多出版社准备重印选编中外古典作品和现代优秀文学。如上海古籍出版社准备重印《唐语林》，上海文艺出版社准备重印《战斗的青春》《中国动物故事集》《祥林嫂》《新人新作集》《古典文艺理论译丛》和王冶秋的集子等，他们的编辑都到书店购买了过去的旧版本。

"红五月"服务优良月运动中，上海书店在做好门市供应工作的同时，各门市抽出四十多位同志主动到上海第一印染厂、国棉一厂、上海师范学院等单位流动服务，福州路、淮海路和古籍门市的青年在领导和老师傅的支持下，组成青年流动服务队，从联系到组织，从销售到结账，全部由青年负责。有一次，满载图书的卡车一到国棉一厂，早在等候买书的夜班工人蜂拥而上，把卡车紧紧包围起来，青年们临乱不慌，沉着镇静，一面向工人做宣传解释工作，一方面与厂工会联系，把一捆捆散开的书重新扎起来，转移到厂大会议室供应。廉价的文艺书、连环画深受工人同志的欢迎，他们争先选购，结算付款处很快就排成长队，这次流动服务销售图书八千多册，四百五十多元，由于工作繁忙，大家连开水和中午饭也顾不上吃，人人精神饱满，斗志旺盛，获得读者的好评。到上海师院流动供应，广大师生争先购买，短短三个小时就销售了四百多元图书，其中《史记》就销售九部。他们说：我们师院刚刚恢复，书店就送书上门，使我们买到很多参考读物，解决了不少问题，服务真周到啊！淮海路门市的青年连续两天到缝纫机厂流动供应，其他同志为了支持青年外出流动供应，主动把门市工作顶下来。

为了方便读者自由选择，福州路门市、淮海路门市克服了人员少任务重的困难，在社科、文艺、期刊柜台实行开架供应，受到读者的欢迎。职工认为这仅仅是新起点，今后还要不断扩大服务项目，提高服务质量，发挥书店党的宣传工具的作用，为实现新时期总任务贡献力量。

在粉碎"四人帮"的一年多中，收售两旺，上海书店通过加强企业管理、多方设法挖掘潜力、组织货源等，扭亏为盈，完成124万元销货任务，比原计划超额28.7%，比1976年增长31.4%，上交利润14万元。

1978年2月，上海书店代表在一次全系统批判"四人帮"的大会上的发言指出：

> 上海书店在1966—1969年被迫停止营业，在"四人帮"文化专制主义的破坏下门市陈列品种寥寥无几，十七年中曾出现过百花齐放，繁荣的图书发行阵地，变得百花凋零，死气沉沉。而"四人帮"搞"阴谋文艺""影射史学"的毒草书充斥书架，造成万马齐喑的

局面。近年来，由于"四人帮"的破坏和干扰，造成思想混乱，搞乱业务，搞乱经营管理，大量的图书封存、停售、报废，大量的古籍图书，长期来不能和广大读者见面，老期刊仓库里有大量具有史料价值的报纸刊物，"四人帮"以"防扩散"为名，长期封存起来，十年来上海书店几乎年年亏本，累计亏损金额达 172 万元之多（相当于两个上海书店的资金），这是"四人帮"造成的严重恶果和对我国文化的严重摧残，这与国民党反动派的文化围剿有什么两样。

《隐秀含英集》中《上海图书公司五十年大事记》载入："1978 年 1 月，上海出版局指示：上海书店直属上海市出版局领导。"《上海出版志》（上海社会科学院出版社 2000 年 12 月出版）写着"1977 年，上海出版局决定上海书店仍由上海市出版局直接领导。"不查不翻不知道，当我发现上海新华书店《发行简报》1978 年 7 月 6 日还有介绍上海书店提高服务质量的内容时，就明显感觉上海书店不会在 1978 年 1 月或 1977 年直属上海市出版局领导。近年，我因为参与《上海市志·新闻出版分志·出版卷》的编纂，在"东寻西找"中发现了一份旧档：

1978 年 9 月 5 日，上海市出版局发文《上海外文书店、上海书店恢复由我局直接领导的通知》——

上海新华书店：

　　根据国家科委、国家出版局（78）国科发条字第130号《关于加强外文书刊资料发行工作的请示报告》的精神，经局党委讨论，并报请市委宣传部批准，决定将现属上海新华书店领导的上海外文书店、上海书店（包括古籍书店）恢复由我局直接领导，特此通知。

　　如此，也为现在的上海图书公司提供了一份史料。那时，上海书店通过扩大古旧书画经营，设立新书门市部，扩大影印出版，恢复期刊门市等，使企业经营硕果累累。1999年2月上海世纪出版集团成立，上海图书公司成为集团成员单位之一。

　　上海书店，无论是上海图书公司还是上海图书发行公司、古籍书店、上海旧书店、图书城、艺术书坊、博古斋、九华堂、艺苑真赏社等称号虽有所不同，却都是一脉相承。作为国有品牌书店，上海新华书店包括早年的新华书店华东总分店、新华书店上海分店，上海外文书店包括国际书店上海分店、上海外文图书公司自是同宗同亲。上海书店，也曾在徐家汇美罗城、江湾大学城、延安东路（外滩）等地开店创业，但从成立至今，上海书店的大本营、根据地一直在福州路，这条闻名遐迩的文化街。2004年6月25日创办的艺术书坊，由古籍书店艺术部更名而成，2006年11月在古籍书店搬迁之后更是扩大经营，成为福州路424号的主体经营单位。

现在的福州路424号共有七层：

一层：艺术书坊：经营艺术理论、文博收藏、艺术鉴赏、考古发掘、大型画册、连环画、油画作品、建筑设计、摄影、艺术类文创产品、咖啡饮品。

二层：九华堂：经营文房类相关艺术品，笔、墨、纸、砚、印章、汉砖等。

三层：艺苑真赏社画廊：经营近现代书画名家作品。

四层：博古斋办公区域及部分仓库。

五、六、七层：公司办公区域。

我任职的上海联合书业会展有限公司也在上海图书公司七层租借了一间办公室。

2006年10月1日，古籍书店由福州路424号迁入福州路401号。现在，福州路401号：

一楼：古籍书店：新书推荐、中国文学，诗词曲赋、哲学、宗教、文创。

二楼：线装书房，中医、历史、语言文字、民族风俗、考古收藏、海派文化、上海古籍出版社和中华书局专架。

三楼：特价书店。

四楼：博古斋商场部。

五楼：博古斋拍卖有限公司。

上海书店在改革开放的大潮中，通过扩大新书销售门类，恢复古旧书刊收售，由影印而成立出版社，增设古籍拍卖而组建拍卖公司等，始终走在前进的路上，也值得持续期待。

历经七十载，名称不同，但古籍书店、上海旧书店依然成为读书人眼中的一种记忆、一种向往，也是上海国有书业中的坚守者、传承者。

2023 年 12 月 8 日

后　记

这些文本，所见不多。我在辑录时尽量不删或少删，基本保持原文样貌，力求保留历史真实。感谢所有的作者、编辑和领导。虽然有些语境不同，事过景变，但毕竟留下来的还是真情实在，从中也可见上海书店同仁的进取和锲而不舍。

我是上海图书公司的"老友"，差不多五十年前，就在南京西路（江宁路口）的上海书店门市部观望过。记得店堂中间有一高脚椅子上坐着一位营业员时常眼观两边，密切关注着在书架前翻阅图书、杂志的读者是否有"疑似"顺手牵羊的情况发生，至少存着一种威慑力。那时没钱，也就不敢买书。后来在广东路306号上海新华书店发行学校读书，上海书店有多位先辈担任老师教授古旧书业务、作家与作品等。

其中，一位陆源发老师一直被我记着，《唐诗小札》《宋诗选注》等都是他推荐我买的，可惜没有细读，辜负了老师的期待。陆老师是古籍书店的营业员，那时古籍书店还在福州路424号（现在的艺术书坊），还在闭架经营。只是在空荡的店堂中间放着四个书柜陈列着老商务的旧平装，陆老师可能是因为年龄大而坐在一旁兼着整理、推荐、管理，引导取书者到账台付款。记得当时年纪小，我虽然已经有生活补贴而且偶尔也有点稿费，但好像一直没有下手购书，假如当初能"下手"，只是买点这里的廉价书，现在就可以改善生活了。更何况从书架上选些版本书，或从隔壁由玻璃门（玻璃上装饰着白丝绸窗帘）进入的外宾服务部中选些字画，那就厉害了。不过，我在福建中路的统一装订厂学会了期刊的装订，将全年 12 本期刊装订成一册或二册，一套简易设备现在还留存着。哪天拿出来还可以试试。陆老师先是住在南市小东门，后来搬到元芳弄（四川中路 133 号上海新华书店对面的弄堂）的陋室我也都去过，每次交流都有收获。虽也同情老师的困境，却也无能为力。再后来，走过元芳弄发现已是人走室空……

我在上海新华书店、上海人民出版社谋职的很多年间，福州路上的古籍书店、上海书城都是我"巡阅"的主场，也从中选购了不少的新书。想来，我在古籍书店等单位也是有很多师友、很多共同语言的，甚至也见证了我的同学的恋爱故事。现在在上海市书刊发行行业协会任职，上海图书公司的同事也多有关照，全年 365 天，我买书已经可以无障碍地享受八折优惠了。

从业很多年也一直关注行业的变化。尤其是在任《上海市志·新闻出版分志·出版卷（1978—2016）》副主编、总撰组组长时拼力完成任务之后，感觉上海因为有着上海新华书店、上海书店、上海外文书店的分分合合、彼此努力而成就了新中国上海图书发行的基本面，现在似乎也都碰到了一些困难……

听说，改革开放初期退休的书店老人中，上海书店的老人会有些"破书"旧书字画，外文书店的老人大都会些"洋泾浜"式的英日俄文，新华书店的老人一般身体都比较好，也都能说项。

感谢上海图书公司老领导、上海世纪出版集团副总裁彭卫国的鼓励，感谢上海三联书店总编辑黄韬接纳本书，感谢林骧华、完颜绍元和上海三联书店编辑中心主任殷亚平的把关。感谢上海图书公司总经理石洪颖的支持。感谢俞子林、樊秀珍、金良年、完颜绍元、翁铭泽、胡建强、朱旗、凌云、杨柏伟、路培庆等前贤、同道的关照。

2023 年 11 月 15 日
2024 年 7 月 21 日改定

图书在版编目(CIP)数据

上海书店，翻检出来的一些往事 / 汪耀华编著.
上海 ：上海三联书店，2024. 8. -- ISBN 978-7-5426
-8602-2

Ⅰ. G239. 23

中国国家版本馆 CIP 数据核字第 2024VE2173 号

上海书店,翻检出来的一些往事

编　　著 / 汪耀华

责任编辑 / 殷亚平
装帧设计 / 王　蓓
监　　制 / 姚　军
责任校对 / 王凌霄

出版发行 / 上海三联书店
　　　　　(200041)中国上海市静安区威海路 755 号 30 楼
邮　　箱 / sdxsanlian@sina.com
联系电话 / 编辑部：021 - 22895517
　　　　　发行部：021 - 22895559
印　　刷 / 上海雅昌艺术印刷有限公司

版　　次 / 2024 年 8 月第 1 版
印　　次 / 2024 年 8 月第 1 次印刷
开　　本 / 787mm×1092mm　1/32
字　　数 / 210 千字
印　　张 / 10.625
书　　号 / ISBN 978 - 7 - 5426 - 8602 - 2/G · 1733
定　　价 / 68.00 元

敬启读者,如发现本书有印装质量问题,请与印刷厂联系 021 - 68798999